W. Mertl & H. Janko

DIE 12 SIEGEL DER HEILUNG

Mandalas für Diagnose und Therapie

Das neue System

Die Anwendung dieses Mandala-Systems ersetzt bei medizinischer Notwendigkeit nicht die Behandlung durch Ihren Arzt oder Therapeuten. Bei anhaltenden psychischen oder körperlichen Problemen, zögern Sie bitte nicht, diese von Ihrem Arzt abklären zu lassen.

Die Informationen in diesem Buch sind nach bestem Wissen und Gewissen dargestellt. Die Autoren, sowie der Verlag übernehmen dennoch keinerlei Haftung für Schäden irgendwelcher Art, die direkt oder indirekt aus der Anwendung dieses Mandala-Systems oder aus dem Gebrauch der Angaben dieses Buches entstehen.

IMPRESSUM

Printed in Austria, auf chlorfrei gebleichtem Papier

Titelbild: ANJA - DESIGN, A - 4863 Seewalchen
Grafik: Hubert Janko
Druck: LANDESVERLAG, Linz
ISBN: 3-901627-16-2

Beachten Sie bitte unbedingt diese Erläuterung, bevor Sie das Buch lesen!

Wenn Sie das Diagnose-Mandala einsenden wollen, malen Sie bitte zuerst das Mandala aus und beginnen anschließend erst mit dem Lesen. Der Grund dafür: Wenn Sie das Buch lesen, ehe Sie das Mandala fertiggestellt haben, kann es sein, dass sie zu „kopflastig“ werden, und auf diese Weise würde dann die Diagnose verfälscht.

Durch das Ausmalen des Diagnose-Mandalas (vor dem Lesen des Buches) geben Sie mir die Möglichkeit, ein genaues Bild von Ihnen zu zeichnen. Das Mandala wird ausgewertet und aufgrund der Auswertung bekommen Sie ein neues Mandala zugeschickt, welches dann von Ihnen mit neuen Farben (den Therapie-Farben) ausgemalt wird.

Nun zum Ablauf des ganzen Vorganges:
Sie haben im Gesamtpaket drei grosse Diagnose- und Therapie-Mandalas. **Suchen Sie sich bitte die Farbstifte bei Ihnen zu Hause aus. (Sicher besitzt jeder eine Auswahl von Farbstiften). Auf der Umschlagrückseite finden Sie einen Farbmuster- Streifen mit den 8 Farben (Rot, Gelb, Grün, Blau, Violett, Rosa, Schwarz und Weiß*). Es sind die Farben, die Sie verwenden dürfen.** (Frei nach Ihrer Wahl. Es müssen jedoch nicht alle 8 Farben verwendet werden). Und was ganz wichtig ist: Nehmen Sie sich Zeit und Ruhe. Denn das Mandala hektisch und schnell zwischendurch ausgemalt, wird Ihnen nicht viel nützen. Also setzen Sie sich hin und wählen Sie ganz nach Gefühl die Farben, mit denen Sie das Mandala ausmalen wollen. Bitte fangen Sie innen, also im innersten Kreis an und wandern dann Ring für Ring nach aussen. Nicht von außen nach innen malen, oder herumspringen, sondern wirklich von innen nach außen malen. Gehen Sie intuitiv in der Auswahl der Farben vor. Mit Gefühl können Sie die Farben erspüren, die jetzt genau richtig sind.

Das Diagnose-Mandala ist ganz allein für Sie, nicht für mich oder jemand anderen. SIE wollen etwas verändern oder ein Problem bewältigen. Die Diagnose und die Auswertung des Mandalas und das darauffolgende Therapie-Mandala kann auf allen Ebenen IHRER Existenz positive heilende Veränderungen hervorrufen, sofern Sie gewillt sind aktiv mitzuarbeiten. Alles andere wäre Selbstbetrug. Mit der exakten Diagnose werden Ihre Probleme aufgezeigt, also falsche, blockierende Energiemuster, die dann durch neue heilende, harmonisierende Schwingungen (die passenden Farben im Therapie-Mandala) ausgeheilt werden können.

Lassen Sie sich beim Ausmalen des Diagnose-Mandalas führen und nehmen Sie die Farben, die Ihnen in den Sinn kommen. Der Intellekt, der rationelle Verstand wird sich vielleicht einschalten und sagen: So ein Blödsinn, wie kann man durch scheinbar sinnlose Muster erkennen, welche Probleme ein Mensch hat. Hier irrt sich aber der Verstand ganz gewaltig, denn unsere Logik ist nur ein Teil unserer Persönlichkeit. Höhere Seelenebenen, die Gefühlswelt und das Unbewusste reagieren sehr wohl auf diese feinen Impulse und manifestieren sich dann in diesen Symbolen.

* *Weiße Flächen bitte unbedingt mit weißem Farbstift ausmalen.*

Wie im Beschreibungstext später ausführlicher erklärt werden wird, ist die Symbolik dieses Mandala-Systems aus tiefem Urwissen der Menschheit entstanden und so allgemein gültig für jedermann und jederfrau.
Voraussetzung für die richtige Diagnosestellung und die dadurch bedingte Heilung auf allen Ebenen, ist Ihre Bereitschaft sich auf diesen Prozess einzulassen, ehrlich zu sich selber und bereit zu sein, für eine aufregende und spannende Reise zum inneren Selbst.
Die Erfahrungen zeigen, dass besonders Kinder sehr positiv auf die Therapie-Mandalas reagieren. Schulstress, Hyperaktivität und Neurosen beginnen bereits im Schulkindalter und können sich in späteren Jahren zu grossen Problemen entwickeln. Hier bieten die Heilungs-Mandalas Abhilfe!

Eine positive Wirkung kann sich sofort zeigen, oder erst nach einigen Tagen, sofern Sie bereit sind, bewusst in diesen Prozess einzusteigen.
Heilende und harmonisierende Wirkung hat das Therapie-Mandala in allen Lebensbereichen. Beginnend im körperlichen Bereich, mit Kopfproblemen über die Wirbelsäule, die inneren Organe bis hin zu den Füßen; in den verschiedenen Gefühlsebenen ebenso wie bei mentalen Blockaden. Kurz: der gesamte Mensch wird erfasst und integriert.
Sie werden am Anfang vielleicht etwas Verwirrung oder Unruhe verspüren. Auch können sich Probleme kurzfristig verstärken, besonders im körperlichen Bereich. Dies sind Erstreaktionen, die vergehen werden, wenn die positiven Informationen des heilenden Mandalas in Ihrer gesamten Persönlichkeit verankert sind. **Zu diesem Zweck erhalten Sie dann gemeinsam mit der Auswertung und den Vorschlägen zur unterstützenden Arbeit mit den ergänzenden Heilungs-Mandalas, eine spezielle Meditation um das Therapie-Mandala in seiner Wirkung zu potenzieren.**

Die Antwort auf die Frage, warum dieses System den ganzen Menschen anspricht, also universelle Wirkung zeigen kann ist, dass diese Siegel-Archetypen mit dem Seelenkern des Menschen in engster Verbindung stehen und damit in alle Bereiche des Lebens hinein wirken.
Senden Sie bitte Ihr selbst gemaltes Diagnose-Mandala und evtl. die Ihrer Freunde oder Familienmitglieder ein. Das Diagnose-Mandala wird ausgewertet und diskret in einem eigenen Umschlag, zusammen mit der Anleitung für das individuell von jedem Einsender auszumalenden persönlichen Therapie-Mandala an Sie retourniert. Im Umschlag sind auch Beschreibungen für die einfachen täglichen Meditationen mit Ihrem ganz persönlichen Therapie- und Heilungsmandala enthalten.

Kosten pro Auswertung:
ÖS 450,- / DM 65,- / SFr 65,- incl. MWSt und Porto
Zahlungsweise: mit Erlagschein innerhalb 14 Tagen netto.
Die Diagnose wird für jede Person individuell ausgewertet. Bestellungen sind deshalb verbindlich und ein Rückgaberecht kann aus diesem Grund nicht eingeräumt werden.

Einsenden bitte an den Metatron-Verlag, Pf. 38, A-4863 Seewalchen
Es kann aufgrund vermehrter Nachfrage zu kurzen Verzögerungen kommen.
Wir werden uns bemühen, die Auswertungen rasch abzuwickeln.

INHALTSVERZEICHNIS

DIE AUTOREN

Als es den Grafiker und Computer-Techniker **Hubert Janko** drängte, ein Buch über Mandalas herauszubringen, sollte es ein ganz besonderes sein: nämlich über Mandalas, die etwas im Menschen bewirken, ihm helfen, weit über die bereits erkannte Entspannung oder Zentrierung hinaus reichend.
Es müßte doch möglich sein, so seine Vision, ein fein differenziertes System zu schaffen, das Mandalas für alle möglichen Krankheiten und Negativzustände einsetzbar macht. In Wolfgang Mertl fand er einen Fachmann, einen kompetenten Partner, mit dessen Wissen und dessen langjähriger Praxis es möglich wurde, das Diagnose- und Therapie-Mandala-System „Die 12 Siegel der Heilung“ zu verwirklichen. Es entstanden Mandalas, die Körper, Geist und Seele heilen.

Wolfgang Mertl, fühlte sich bereits sehr früh zu holistischen Heilmethoden, die den Menschen in seiner Gesamtheit aus Körper, Geist und Seele sehen, hingezogen. Schon sehr bald interessierte er sich für den enormen Wissensschatz der Heilkünste des alten China. Also vertiefte er sich in das Studium der Traditionellen Chinesischen Medizin: sowohl Akupunktur als auch die umfassende Kunde der chinesischen Heilkräuter sowie chinesische Massage, um den Gesamtheitsaspekt von Körper, Geist und Seele voll zu integrieren begann er auch gleichzeitig ein intensives Training in Chi Kung, diverse Meditationstechniken, der Feldenkrais Therapiemethode, Yoga sowie das Studium von asiatischen Kampf- und Bewegungskünsten bei unterschiedlichen Meistern.
Doch nicht nur die fernöstlichen Heilweisen faszinierten ihn, auch die westliche Kultur hatte bezüglich des Wissens um die energetischen Zusammenhänge im menschlichen Körper und seinen komplexen, seelisch-geistigen Verbindungen einiges zu bieten.
So begann er nun systematisch, verschiedene Heilsysteme, insbesondere die Wirkung der europäischen Heilkräuter zu erforschen und in die Praxis umzusetzen. In diesem Zusammenhang kam er auch mit der Thematik der Geomantie in Berührung. Und die Erforschung alter Kraftplätze sowie der Energiemeridiane der Erde brachten neue erstaunliche Einblicke in die energetische Welt ein. Die intensive Auseinandersetzung mit den verschiedensten philosophischen Glaubensrichtungen, wie z. B. dem Taoismus oder der westlichen Mystik und hier besonders dem Druidentum ließ die Erkenntnis reifen, daß alle Dinge eins sind, dass wir auf besondere Weise mit unserer Umgebung und den Mitmenschen verbunden sind.
So entstand durch Erfahrung und Praxis aus seiner Tätigkeit als Therapeut, in den Jahren nach und nach ein komplexes zusammenhängendes Wissen, welches schließlich in vergleichenden Studien über Symbole und ihre Wirkungen auf den menschlichen Organismus genutzt werden konnte.
Die Summe dieser Erfahrungen liegt hier in diesem Buch, im Diagnose- und Therapiesystem „Die 12 Siegel der Heilung“ vor.

VORWORT

Man beginnt eine spannende Reise, wenn man den Weg dieses besonderen Mandalas geht. Selbsterfahrung, zum Wesenskern des Menschen vordringen, interessante Entdeckungen machen, die immer tiefer zum Menschsein führen. Eine Reise, von der man nie sagen kann, wann sie zu Ende ist. Wohin diese Reise führt, ist allerdings bekannt, sie bringt uns zu Harmonie, Gesundheit, innerer Kraft und Balance. Dieses hohe Ziel sollte es uns wert sein, den Weg der „ZWÖLF SIEGEL DER HEILUNG“ zu gehen.

Viele Monate, ja Jahre des Forschens und des Sammelns von Erfahrungen vergingen, ehe die Idee geboren wurde, diesen Wissensschatz in dieser Form einer breiten Öffentlichkeit vorzustellen und zugänglich zu machen.
Scheinbar endlose Stunden des Zeichnens und Ausprobierens, des Erfühlens und Prüfens waren nötig, um die endgültige Form der Diagnose- und Therapie-Mandalas zu fixieren und deren Wirkung in allen Details zu erfahren.
Schließlich der große, spannende Moment der ersten Therapien: Ob „es“ funktioniert? Und es funktionierte! Alle Erwartungen wurden übertroffen! Im weiteren Verlauf der Erprobung wurde schließlich sogar festgestellt, daß diese speziellen Mandalas nicht nur auf körperlicher Ebene heilende Wirkung zeigen, sondern darüber hinaus auch seelische Blockaden lösen, charakterliche Schwächen ausgleichen, ja, bis hin zur Förderung der spirituellen, geistigen Entwicklung des Menschen wirksam sind.

Wenn Sie sich auf die Reise in diese wunderbare Welt der Heilung begeben, auf den Weg zu Ihrer inneren Ausgeglichenheit, haben Sie es selbst in der Hand, durch Ihre eigene Mithilfe, Ihre Offenheit zu sich selbst, den Weg zu innerer Harmonie und in der Folge auch zur Harmonie mit Ihrer Umwelt zu finden.

Danke möchte ich allen guten Geistern sagen, für die Unterstützung und Hilfe zur Fertigstellung dieses Werkes.

Wolfgang Mertl

EINLEITUNG

Mandala bedeutet „der Kreis"

Das Wort „Mandala" stammt aus der klassischen indischen Kultursprache Sanskrit und bedeutet Kreis.
Überall in unserem Leben sehen wir Mandalas. Das menschliche Auge, die Iris ist ein Mandala. Denken wir an das Rad, die Töpferscheibe, das Zifferblatt der Uhr. Schauen wir in die Natur, so sehen wir die schönsten Mandalas in den Blütenrosetten

Spiralnebel

der Blumen. Im Querschnitt von Bäumen können wir ebenso Mandalas erkennen wie in der perfekten Struktur einer Schneeflokke. Sogar im Weltraum, in unserem Sonnensystem, zeigt sich dieser Aufbau in den Planetenbahnen um die Sonne. Und unser Sonnensystem, vereinigt sich mit vielen, vielen anderen zur Galaxie, unserer Milchstrasse, die in ihrer Form ebenfalls ein perfektes Mandala darstellt.
Tiefe Weisheit liegt in der Natur und ihren Erscheinungen; diese zu lesen und umzusetzen ist eine gewaltige Aufgabe.
Viele Hochkulturen haben sich im Laufe der Jahrtausende mit diesem Urwissen befasst und sind so zu tiefen Erkenntnis-

Kirchen-ornament

sen über das Leben, über die menschliche Existenz gelangt. Ihnen allen war die Bedeutung des Kreises bewußt. Das, was hinter der Form des Mandalas steht, die meditative Programmierung des Kreises, die sich tief in den Menschen einprägt, findet sich in allen Kulturen und Religionen des Erdkreises, in den verschiedensten Variationen: z. B: in der christlichen Kirchenarchitektur, in den kunstvollen Rosettenfenstern der großen gotischen Kathedralen, als Grundriss in Tempeln und heiligen Plätzen, in sakralen Tänzen, in Reigen und Mysterienspielen, als hoch differenziertes Meditationsbild; sogar in der Buchmalerei des Mittelalters findet man das Mandala.

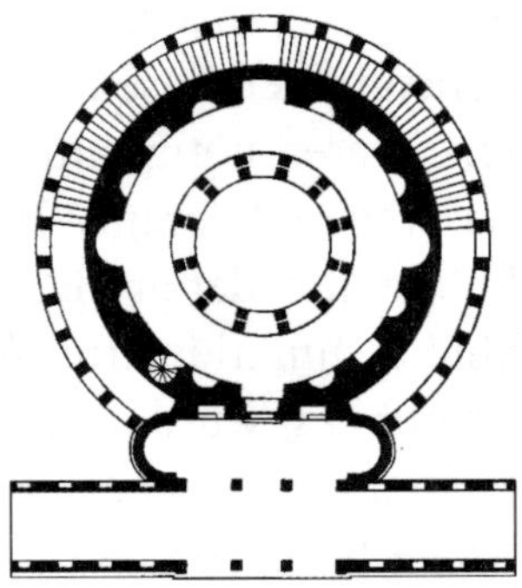

Grundriss Santa Constanza in Rom, ca. 350 n. Chr.

Das Mandala war nicht bloß schmückendes Beiwerk. Neben seiner starken Symbolkraft kam ihm auch praktische Bedeutung zu. In vielen Kulturen versuchte man durch Meditation mit dem Mandala zu Selbsterkenntnis und Heilung zu gelangen. Genauso aber, und das war den Menschen damals selbstverständlich, spiegelt das Mandala das innere Leben seines Gestalters wider.

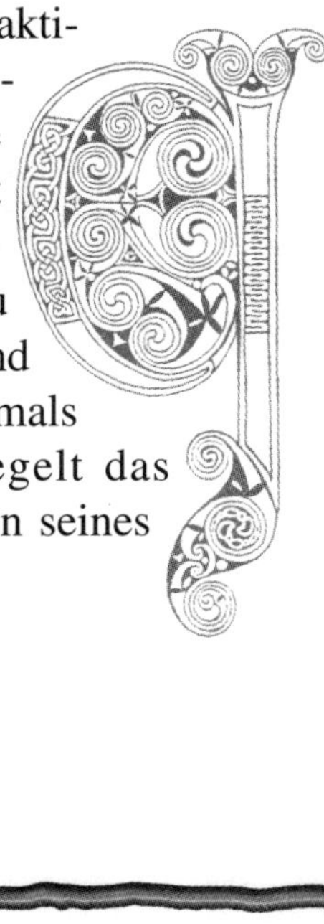

Das Diagnose- Mandala und seine Symbolik

Das von uns entwickelte Mandala-Diagnose-System ist aus dem alten Wissen um die Zusammenhänge zwischen Farben und Symbolen und deren Wirkung auf den Menschen in seiner Ganzheit entstanden.

Alles an diesem Kreis-Bild, jede einzelne Linie, jeder Bogen hat seine ganz bestimmte Bedeutung.

Der Mittelpunkt ist das Kraftzentrum, er symbolisiert die Geburt. Die Ausstrahlung aus der Mitte, vom Zentrum weg, symbolisiert das Leben selbst. Die einzelnen Sequenzen oder Ringe stehen für Lebensabschnitte. Hier sind alle Höhen und Tiefen, Freude und Leid gespeichert. Durch die beim Ausmalen verwendeten Farben wird alles, was einem Menschen im Laufe seines Lebens widerfährt, ihn nachhaltig beeindruckt, alles was an seiner Seele nicht spurlos vorbeigegangen ist, erkennbar und interpretierbar.

Das Diagnose- und Heilungs-Mandala-System und sein Aufbau

Dass sich das Ausmalen von Mandalas positiv auf die Seele auswirkt ist seit den Erkenntnissen des berühmten Psychotherapeuten C.G. Jung hinlänglich bekannt, und inzwischen gibt es bereits vieles auf dem Markt, das zur Entspannung mittels bunter Kreisbilder beitragen will.

Wir wollten einen Schritt weiter gehen, das Mandala als Heil- und Hilfsmittel für die individuelle Heilung einsetzbar machen, weit über Wirkungen wie Entspannung und Zentrierung hinaus reichend. Und es ist uns gelungen ein perfektes, fein abgestimmtes System zu entwickeln, das jedem Einzelnen Hilfe in seiner ganz persönlichen Situation anbietet. Nötig dazu ist ein Diagnosemandala, das — unter Verwendung von maximal 8 Farben aus dem beigelegten Farb-Musterstreifen und persönlich ausgemalt durch die Hilfe suchende Person — Aufschluß über deren seelisch-geistigen sowie auch körperlichen Gesundheitszustand gibt. Hierbei kommt es u.a. darauf an, mit welchen Farben die einzelnen Segmente des Diagnose-Mandalas ausgemalt wurden, die wiederum für entsprechende Organe und Körperteile des Menschen bzw. seelische Eigenheiten oder Verhaltensmuster stehen. Und dabei spielen die archaischen Heilungs-Siegel, Zeichen für Archetypen, die seit Jahrtausenden ihre Entsprechung im Menschen finden, eine tragende Rolle.
Dieses Diagnose-Mandala (3 Stück sind im Buch enthalten — auch zur Weitergabe an Familienmitglieder und Freunde) muß, wie gesagt, unbedingt durch den Hilfesuchenden selbst ausgemalt werden.

Nach Einsendung des Diagnose-Mandalas kann die Diagnose mittels Auswertung erfolgen.

Den Text der Auswertung erhalten Sie zusammen mit Ihrem ganz persönlichen Therapie-Mandala, das Sie nach beigelegter Farb-Segment-Einteilung eigenhändig ausmalen und mit dem Sie lt. ebenfalls beigelegter Meditations-Beschreibung Ihre täglichen einfachen Übungen machen.

Schon nach kürzester Zeit werden Sie fühlen, wie Sie ihre Lebenslage besser meistern können; wie Kraft zurückkehrt, wo sie fehlte oder beispielsweise Gelassenheit bei alltäglichen Ärgernissen; daß eventuell Dinge endlich in Angriff genommen werden können, die man schon ewig vor sich her schob; dass eine Besserung bzw. oft sogar rasche Heilung bei körperlichen Problemen auftritt.

Darüber hinaus enthält dieses Gesamtpaket noch spezielle Mandalas, die — ergänzend zum Therapie-Mandala eingesetzt — dessen Wirkung verstärken.

Diese Wohlfühl- und Heilungs-Mandalas wurden ursprünglich dazu entwickelt, Soforthilfe bei Alltagsbeschwerden, vorübergehenden Schwächen und Gefühlsdisharmonien zu leisten sowie akute Schmerzen zu lindern. Ihre Wirkung bei den verschiedensten psychischen Problemen und körperlichen Erkrankungen ist dokumentiert. Näheres dazu ab Seite 78.

Ein wichtiger Hinweis in diesem Zusammenhang:

Die Anwendung dieses Mandala-Systems ersetzt bei medizinischer Notwendigkeit nicht die Behandlung durch Ihren Arzt oder Therapeuten. Bei anhaltenden psychischen oder körperlichen Problemen, zögern Sie bitte nicht, diese von Ihrem Arzt abklären zu lassen.

Bei schwerwiegenden Krankheiten, ist die Mandala-Therapie zur Unterstützung der herkömmlichen Behandlung besonders wichtig.

Dieses Diagnose-System ist dazu geeignet, den Ursachen auf den Grund zu gehen. Es läßt sich ebenfalls hervorragend zur Diagnose-Absicherung einsetzen.

Die Mandala-Therapie unterstützt den Hilfesuchenden, die ursächlichen Probleme an der Wurzel zu lösen, sie kann ergänzend, in Verbindung mit allen anderen Therapien angewendet werden und läßt — da die Ursache im Denken, in den Gefühlen, in der Einstellung des Menschen aufgelöst werden — eine dauerhafte und anhaltende positive Wirkung erwarten.

Angezeigte mögliche Krankheiten können dadurch sogar noch vor Ausbruch durch rechtzeitige Änderung im Gedanken- und Gefühlsleben abgewendet werden.

Wie ist dieses Therapie- und Diagnose-Mandala-System entstanden?

Auf der Suche nach einer großen Gemeinsamkeit, die für alle Menschen gleich gültig ist, habe ich viele Wochen und Monate mit Recherchen verbracht, habe alte Bücher und Manuskripte durchforscht und studiert.
Mein Leitgedanke war dabei stets: Wenn etwas nutzen und helfen soll, dann muss es für jeden Menschen geeignet sein. Also muss es ein Wissen geben, das unabhängig ist von Nationalität, Herkunft, Hautfarbe, Stand, gesellschaftlicher Schicht, Geschlecht und Alter. Es muss allgemein gültig und für jedermann und jederfrau anwendbar sein.
Also muss es eine übergeordnete Struktur geben, die die Lebensprozesse lenkt und beeinflusst und ihnen Richtung gibt.
Um das zu erläutern müssen wir uns kurz mit ein paar ganz grundlegenden Dingen befassen:

Die Grundstruktur aller Dinge

Schauen wir uns einmal einen Gegenstand genauer an: Nehmen wir ein Blatt Papier. Woraus besteht dieses Blatt Papier? Aus Holzfasern logischerweise, wenn es sich nicht gerade um Hanfpapier oder Papier aus sonstigen Mischmaterialien handelt. Gut, woraus bestehen diese Holzfasern? Aus noch kleineren Fasern und aus noch kleineren. Die werden so klein, dass wir irgendwann einmal zur Zelle kommen. Gut, und woraus bestehen diese Zellen? Aus so genannten Molekülketten. Und diese Molekülketten bestehen wiederum aus einzelnen Molekülen. Woraus bestehen diese Moleküle? Aus verschiedenen Atomverbänden. Und diese Verbände bestehen aus einzelnen Atomen, den kleinsten derzeit bekannten Bausteinen der Welt. Das alles ist Physik und kann in jedem Physikbuch nachgelesen werden.
Der Kernpunkt der gesamten Betrachtung ist, dass diese Atome keine starren, unbeweglichen Teile sind, sondern lebendige, sich drehende, rotierende Energiegebilde, die nie aufhören sich zu bewegen. Alles ist sich drehende, sich bewegende, rotierende Schwingung - Energie. Und das bitte nicht nur in einem Atom, sondern in allen Atomen, das heißt auch in meinem Zehennagel oder im Sauerstoffatom und in den Mineralien usw. Denn der kleinste Baustein muss ja logischerweise in jedem „materiellen Objekt“, sei es jetzt sichtbar oder nicht, enthalten sein. Logisch, denn es kann ja nichts ohne diesen kleinsten Baustein der Schöpfung existieren.

Alles ist Schwingung, auch Farbe

Also dürfen wir getrost davon ausgehen, dass alles schwingt (muss ja sein, da sich alles, was existiert, aus Atomen zusammensetzt) und in Bewegung ist, vom massivsten Fels bis zur Atemluft. Auch Farben sind nichts anderes als Schwingung und werden von unseren Sehorganen als solche aufgenommen, lassen erst in unserem Gehirn das „Bild“ der Farbe entstehen. Und dies ist auch der Grund, warum Farben Wirkungen im Menschen hervorrufen.
Ebenso hat jedes Organ im Körper eines

Menschen seine spezifische Eigenschwingung. Ist ein Organ geschwächt oder erkrankt weicht auch seine Schwingung von der ursprünglichen ab.

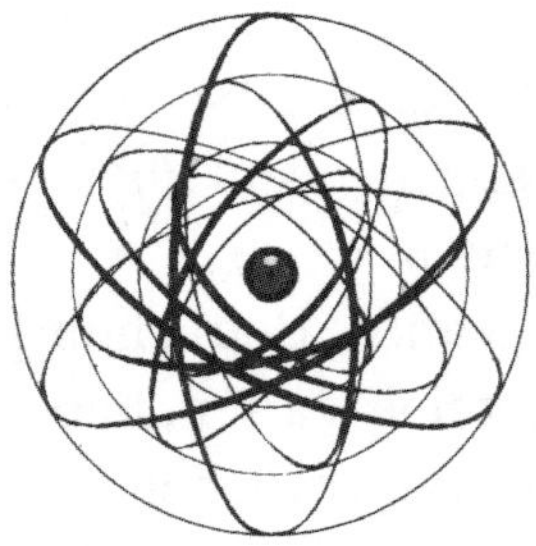

Atomkern mit kreisenden Elektronen

Wenn man jetzt tiefer darüber nachdenkt und überlegt, was Schwingung ist, kommt man drauf, dass Schwingung alleine nicht existieren kann. Schwingung alleine kann nicht der Urgrund der Schöpfung sein, denn es gibt keine Schwingung an sich.

Jede Schwingung wird durch eine Kraft hervorgerufen

Überlegen wir einmal, wie viele Kräfte es gibt: Die Kraft der Fäuste, die Kraft des Sturmes, die Kraft des reißenden Wassers. Aber all diese Kräfte versiegen einmal. Die Faust wird müde, der Sturm erstirbt und das Wasser versickert oder verdunstet.

Verdichtete Materie (weiße Zwerge)

Wenn aber nun die Kraft im Atom aufhören, erlöschen würde, würde das Atom in nichts zerfließen, es würde, wie Astronomen beweisen, ein so genannter „weißer Zwerg“, ein Atom, dessen Abstände zwischen den Elektronen und dem Atomkern auf Null schrumpfen. Und das ist in der Erdgeschichte noch nie passiert. Es gibt wohl im Weltraum Sterne, die nach dem gleichen Prinzip zuerst Supernovae und dann „weiße Zwerge“ wurden, aber das ist eine andere Geschichte.
Folglich muss diese Kraft, die die Atome in Schwingung hält, eine ewige Kraft sein.

Kraft aus dem Willen, Wille aus Gedanken

Denn nach den Naturgesetzen gibt es keine Kraft an sich. Hinter jeder Kraft muss ein Etwas stecken, das diese Kraft auslöst und in Bewegung setzt. Und dies bezeichneten die Weisen aller Zeiten als **Wille**.
Wenn es also Materie an sich nicht gibt, sondern Materie nur der täuschende Ausdruck konzentrierter, schwingender Energie, also Schwingung ist und diese Schwingung von einer Kraft erzeugt wird und diese Kraft von einem Willen herrührt, woher stammt dann der Wille?
Denn es kann keinen Willen an sich geben: Jeder Wille muss einer denkenden, wollenden Intelligenz, also einem **Geist** entstammen.
Das zeigt nämlich die ganze Schöpfung vom Größten bis zum Kleinsten, jeder Planetenlauf in seiner wohl organisierten Bahn und seiner Umlaufzeit. Der Wunderbau des menschlichen Körpers, ja sogar die Gliederung eines einfachen Flügels einer Fliege zeigt unendlich viel Weisheit, Kenntnis und Erwägung. Alles nach dem **Plan** der Evolution Entstandene ist ein sinnvolles, geordnetes Wunderwerk, das nie aus sich selber sein kann. Denn nichts kann aus sich selber sein. Wie wir gese-

hen haben, kann Schwingung alleine nicht existieren usw. Und all diese Wunderwerke, von **Geist** geschaffen, setzen **Gedanken** voraus, ein tiefes, weltenumspannendes Denken.

Wir müssen uns das einmal vor Augen halten! Was für den Flügel einer Fliege gilt, muss, da ja alles aus Atomen besteht, automatisch auch für das gesamte Universum mit seiner Vielzahl von Milliarden und Abermilliarden von Sonnensystemen, Galaxien, Sonnen und Sternen gelten.

Diese Gedanken können aber nur einem Geist entspringen.

Das heißt: Es gibt nur Geist. Geist ist der Ursprung aller Dinge. Geist ist der Herr des Weltalls.

Doch so wenig, wie es Schwingung und Kraft nur alleine für sich gibt, so wenig gibt es **Geist** an sich.

Jeder Geist muss einem **Wesen** angehören. Und damit sind wir am Ende - oder besser gesagt am Anfang aller Dinge. Denn damit stehen wir vor dem Thron jenes großen, unausdenkbaren, unermesslichen Wesens, Vater und Mutter aller Geschöpfe, der Schoß aller Dinge, die jemals waren, sind und jemals sein werden. Wir stehen vor **GOTT**.
Und da der Geist Gottes in jedem Atom ist und existiert und jede Form durch Gott ist und aus Gott ist, können wir ruhig sagen, dass Gott in jeder Blume, in jedem Stein und in jedem Menschen lebt. Ist das nicht wunderbar?

Lebensenergie - göttliche Kraft

Im ganzen Universum gibt es nichts anderes als Gott allein. Gott freut sich in allen Geschöpfen, liebt jedes Geschöpf, auch die kleinste Kreatur. Gott ist der Anfang und das Ende aller Dinge, die waren, sind und sein werden.
Im heiligen Buch des Hindus, der Bhagavad Gita, steht klar und deutlich geschrieben:

Wenn Gott nur einen Augenblick aufhören würde die Welt zu lieben, alle Welten müssten vergehen.

Und diese „göttliche“ Energie ist überall existent und beeinflusst alles. Die Chinesen nennen sie „Chi“, die Japaner „Ki“, die Inder „Prana“, die Griechen nannten diese universale Kraft „Energeion“, in der christlichen Tradition und Mystik wird sie „Heiliger Geist“ genannt.

Und es ist selbstverständlich, daß sie sich — ganz gleich, mit welchem Namen sie bezeichnet werden mag, und in welchem Zustand sie sich befindet — in einer bestimmten Form sichtbar machen und auf das Leben einen Einfluss haben muss.
Vor Jahrtausenden war das geheime Wissen um diese Ding nur einer auserwählten Schicht, den Weisen, Priestern, Mönchen und Gelehrten zugänglich. Da der Mensch aus mehr besteht als nur dem physischen Körper und dem Intellekt, nämlich auch noch dem Gefühl, hat man sich damals bereits in dieser Bevölkerungsschicht den inneren Dimensionen und damit dem Kosmos zugewandt.

Die Archetypen und ihre Symbole

Entdeckt wurden schließlich die Archetypen (durch Symbole gekennzeichnet), Zeitqualitäten, prägende Kräfte und enorme innere Welten, die das Leben beeinflussen; elementare „Programme", die — mit dem sich selbst organisierenden Leben — schon von Anfang an existierten und die Evolution seit urdenklichen Zeiten steuern.
Diese Kräfte und ihre Verankerung im Menschen waren jeder Hochkultur, sind jedem Naturvolk, das im Einklang mit dem Ganzen lebt, kennt. Es sind die unsichtbaren Programme, die für eine „heile" Entwicklung des Menschen in ganzheitlicher Hinsicht (körperlich, geistig, seelisch) verantwortlich sind. Wir wollen die Symbole, die für diese elementaren Kräfte stehen, deshalb als die **Siegel der Heilung** bezeichnen.

Die Symbole oder Siegel in Verbindung mit den Rhythmen des Lebens

Jeder Mensch kommt im Laufe seines Lebens an den Punkt, wo er nach dem Sinn des Lebens als Gesamtheit zu fragen beginnt. Woher kommt die Menschheit, was sind ihre Wurzeln, wohin geht sie? In jeder Hochkultur, in allen Naturvölkern war und ist das Wissen um diese Dinge und dessen Anwendung im täglichen Leben als enormes Potential gespeichert. Seit je her wurde und wird das Leben nach den natürlichen Rhythmen, die ganz eng mit diesen archetypischen Entwicklungsphasen oder Siegeln verbunden sind, empfunden und gelebt. Und diese archetypischen Zeitqualitäten und Energiezustände beeinflussen uns Menschen in unserer Gesamtheit, ebenso wie die Natur mit all ihren Zyklen, kurz: Jeder und Jedes ist in diesen Kreislauf eingebunden.

Also muß es auch etwas geben, das allen Menschen auf der Erde gemeinsam ist.

Die Indianer Amerikas leben das Einssein mit allen Wesen, die totale Naturverbundenheit teilweise heute noch, die Inder leben den Hinduismus hoch spirituell seit Jahrtausenden. In Europa und der westlichen Welt herrscht hauptsächlich das Christentum vor. Spiritualität hat viele Namen und Gesichter.
Was aber alle Menschen verbindet, welchen Kulturkreis sie auch angehören mögen und auf welchem Erdteil sie auch beheimatet sind, ist das Streben nach Gott und der **Weg** dorthin. Der Weg mag zwar zu verschiedenen Zeiten verschiedene Namen gehabt haben, doch die Stationen bis zum Ziel sind die gleichen.

Die Archetypen — verbunden mit den Entwicklungsstationen des Menschen

Ich möchte diese Stationen auf dem Weg zur Vollendung mit den Archetypen gleichsetzen, denn sie sind Siegel, die für alle Menschen auf der Welt in gleichem Maße Gültigkeit haben.
Jeder ist zu einem bestimmten Zeitpunkt und an einem bestimmten Ort auf diesem Planeten geboren. Und damit liegt er im Einflussgebiet der Planeten, ihrer Konstellationen und all ihrer Verbindungen.

Es liegt mir fern, hier einen Astrologiekurs abzuhalten. Was ich damit veranschaulichen möchte ist nur der kosmisch-geistige Entwicklungsweg des Menschen und die tragende Rolle, welche die Archetypen dabei spielen.

Die Bedeutungen der einzelnen Archetypen, die hinter den Siegel-Symbolen stehen, haben allerdings in ihrer ursprünglichen Art und Weise wenig mit der herkömmlichen Astrologie zu tun.

12 Siegel - Meilensteine in der Entwicklung des Menschen

Diese Archetypen, bezeichnet durch die 12 Siegel sind der **heilige Lebensboden** der Menschheit. Solange die Menschen im Einklang mit den kosmischen Gesetzen lebten, standen die Völker in ihrer Hochblüte. Niedergang entsteht nur dort, wo die kosmisch-geistigen Gesetze missachtet werden. Kann das etwa der Grund sein, dass die Welt mit all ihren Problemen am Abgrund steht?

Die Ägypter mit ihren Tempeln, Pyramiden, ihrem hoch geistigen „Totenbuch"; die Sumerer mit ihrem auf Tontafeln geschriebenen „Gilgamesch-Epos", eine der ältesten Dichtungen der Menschheit, zeugen von der kosmisch-geistigen Sternenwanderung der Menschen.
Die germanische Edda ist voll von Erklärungen zur kosmisch-biologischen Menschwerdung.
Selbst das Christentum steht auf diesen Fundamenten, obwohl durch die Jahrtausende versucht wurde, diesen Urgrund auszurotten und zu verbrennen.
Die Kathedralen, die Dome sind mit diesem Urwissen gebaut worden, und die Symbolik ist jetzt noch an allen Ecken und Enden sichtbar. Man muss nur hinzuschauen wissen!
Die Druiden haben ihre jahreszeitlichen Feste nach besonderen Daten — in Zusammenhang mit den kosmischen Ereignissen, dem Frühlingspunkt, den Tagundnachtgleichen, den Wendepunkten — begangen. Sie beobachteten den Sternenhimmel, spürten in sich die unsichtbare Verbindung zwischen der Zeit und den Wandlungen in Mensch und Natur. Wir werden später im Text noch erfahren, wie die einzelnen Siegel und die damit verbundenen Zeitqualitäten tiefste Verwurzelung im Menschen haben.
Man kann also mit Recht behaupten, dass diese Archetypen oder Siegel das älteste, allen Völkern gemeinsame Urwissen darstellt.
Nur wir in unserer modernen, aufgeschlossenen Zeit brauchen dieses Wissen scheinbar nicht mehr, weil wir ja ohnehin die Technik und die Errungenschaften der neuen Wissenschaften haben, die uns all unsere Probleme abnehmen.

Die Menschen der Frühzeit, unsere Vorfahren, hatten noch eine andere Denkweise. Sie sagten nicht: „Die Materie, alles, was sichtbar ist existiert, sondern: „Der Urgrund aller Dinge ist Gott".
Wenn nun Gott der Urgrund aller Schöpfung ist, dann kommt der Mensch aus Gott und ist damit selber Geist und besteht nicht nur aus einer sterblichen Hülle; also ist sein eigentliches Wesen, seine Seele, unsterblich.

Warum gerade 12 Siegel?

Warum 12 und nicht 10, wo doch 10 die Basis unseres Zahlensystems ist? Wir haben 10 Finger und 10 Zehen; Die Mathematik ist auf diesem Zehner-System aufgebaut. Aber Pythagoras der grosse Mathematiker und Philosoph, hielt die Zahl 12 für heilig! Das Volk Israel bestand aus 12 Stämmen. Jesus hatte 12 Jünger; der Sonnenzyklus besteht aus 12 Teilen, den Monaten (zugeordnet den 12 Sternbildern des Tierkreises am Firmament).
Auch 3 mal 4 ergibt 12. Die 3 steht für die Dreieinigkeit; die Zahl 4 steht für die 4 Himmelsrichtungen. Von der Zahlengeometrie her ist 12 also eine zwingend richtige Zahl. Kosmische Ordnung steht vor menschlicher Logik. Die Natur zeigt uns den richtigen Weg.

Es gibt Dinge, die für alle Menschen auf der ganzen Welt gültig sind, z. B. Sonnenaufgang, Sonnenuntergang, Mittag, Mitternacht, Frühling, Sommer, Herbst und Winter, sie heißen in anderen Kulturen vielleicht anders (Regenzeit usw.), aber sie meinen alle das Gleiche. In immer wiederkehrender Abfolge vollzieht sich der Kreis des Lebens in der Natur und diese Rhythmik in den kosmischen Abläufen findet auch ihren Niederschlag im Menschen. Auch jeder Mensch muß vom Beginn seines Lebens an bis ins hohe Alter verschiedene Entwicklungsschritte durchlaufen, sowohl in geistiger als auch in körperlicher Hinsicht:
Der erste Schultag, verbunden damit das Wachsen der zweiten Zähne, die Pubertät, Partnersuche, Familiengründung, Berufsausbildung, die so genannte Midlife-Crisis, der Wechsel, das Nachlassen der Zeugungskraft und schließlich das Sterben des Menschen: All das sind wichtige Schritte in der körperlich-psychischen Entwicklung eines jeden Erdenbürgers.
Das Gleiche gilt für seine kosmisch-geistige Entwicklung, die mit der körperlich-psychischen parallel laufen soll.
Wenn wir jetzt die einzelnen Siegel betrachten, ihre Qualitäten und ihre Forderungen an den Menschen, bestimmte Tugenden und Fähigkeiten zu entwickeln, kommen wir zu ganz interessanten Ergebnissen. Wir erkennen, dass wir Menschen uns in enger Anpassung an diese Archetypen bzw. Siegel entwickeln. Wie, das werden wir später ausführlich beschrieben sehen.

Uroboros — Sinnbild für den Kreislauf des Lebens

Alles Leben auf der Erde trägt diese uralten Programme der Entwicklung in sich

Aber darüber hinaus sind nicht nur wir Menschen davon beeinflusst. Die Entwicklung in der Natur, in den Pflanzen erfolgt in den Schritten des Jahreskreises, die den archetypischen Entwicklungsstationen gleichzusetzen sind.
Es gibt Geburt, Wachstum, Reife, Vollendung, Ruhe, Absterben und wieder einen Neubeginn; im körperlichen Bereich wie im seelischen werden diese Entwicklungsschritte gleichsam vollzogen. Der Ablauf ist überall völlig gleich und — einem ehernen Gesetz folgend — unabänderlich. Das heißt: kein Entwicklungsschritt kann ausgelassen werden. Warum?

Diese Siegel oder Archetypen fungierten als Energiematrix für das Leben.

Sie sind die universellen Energiemuster, die das Leben auf allen Ebenen regieren. Alles ist davon betroffen, nichts kann sich diesem „geheimen" Programm entziehen. Und diese Siegel können so lange nicht überwunden werden, so lange es Leben auf der Erde gibt.
Die Menschen von damals haben — indem sie diese Siegel „fanden" — nichts anderes getan, als die unsichtbare Schrift Gottes, die ewigen Gesetze des Lebens nachzuzeichnen.

Selbst in diesem Flechtmuster läßt sich noch die Struktur von Mandalas erkennen.

Die 12 Siegel im Kreis des unsterblichen Lebens:

♈ 1. Das Siegel der Geburt

♉ 2. Das Siegel des Wachstums

♊ 3. Das Siegel der Ahnung

♋ 4. Das Siegel des Wissens und des Gefühls

♌ 5. Das Siegel der Kraft und Reife

♍ 6. Das Siegel der Reinigung

♎ 7. Das Siegel des Gleichgewichts und der Harmonie

♏ 8. Das Siegel des Rückzuges

♐ 9. Das Siegel der Sehnsucht

♑ 10. Das Siegel des Willens und der Auferstehung

♒ 11. Das Siegel der Befreiung

♓ 12. Das Siegel der Vollendung

Es liegt mir wirklich fern, hier die Philosophie der Astrologie zu unterrichten. Richtig ist jedoch, dass die Therapie-Mandalas auf den gleichen Archetypen der herkömmlichen Astrologie basieren. Allerdings sind die Strukturen und Funktion des Mandalas ganz stark mit dem menschlichen energetischen Resonanzfeld und seiner Umgebung verbunden.
Sie haben also rein gar nichts mit Planetenberechnungen, Aszendenten, Konjunktionen und den üblichen astrologischen Begriffen zu tun.

Die Siegel und die Archetypen, die sie symbolisieren haben bereits tausende Jahre vor Entstehung der herkömmlichen Astrologie existiert, also lange bevor Menschen aufgrund astrologischer Berechnungen die Zukunft zu deuten versuchten.

Die Bedeutung der 12 Siegel im Therapie-Mandala

Genau genommen, wirken die Heilungs-Siegel sogar mehrfach: auf körperlich-organischer und emotionaler Ebene, sprechen also ganz stark die Gefühle an. Durch das Ausmalen wird die rechte Gehirnhälfte besonders aktiviert, wodurch sich die Mandalas äußerst positiv auf die unbewussten Prozesse im Menschen auswirken und die verschütteten, unbewussten Probleme, Komplexe, Neurosen und dergleichen umgewandelt werden. Auch psychosomatische Erkrankungen werden auf diese Weise geheilt, bzw. bereits vor deren Ausbruch durch Beseitigung der krankmachenden Gedankenmuster beseitigt.
Doch bevor wir uns der Anwendung der Therapie-Mandalas zuwenden, wollen wir die einzelnen Archetypen bzw. Siegel und ihre Bedeutung für den Menschen in seinen Entwicklungsstufen näher betrachten:

Die Jahresringe eines Baumes zeigen in ihrer Struktur deutlich die immer wiederkehrende Rhythmik der Zeit

DIE 12 SIEGEL

12 Entwicklungs-Schritte im Leben eines Menschen

1. Das Siegel der Geburt und des Neubeginns

Sonnenwirkung und Leben gehören zusammen, gemäß dem Grundsatz des Hermes Trismegistos:
„Es ist unten wie oben und oben wie unten und alles zusammen ein einziges Wunder."

Wir wissen, dass die Sonne alljährlich am 21. März den Frühlingspunkt am Himmelsäquator überschreitet und nun das Erwachen in der Natur beginnt.
Die Geburt ist der grosse Prozess dieser ersten Phase: Alles drängt und will ans Licht, zur Sonne; Anfang, Neubeginn, Initiation.
Auch für den Menschen ist die Geburt durch das „Siegel der Geburt" gekennzeichnet, das erste der 12 Siegel. Auch wenn der Mensch im Dezember geboren wird, ist seine Geburt durch das Symbol des Neubeginns gekennzeichnet.
Ebenso wird eine Geschäftsgründung oder das Anbahnen einer Liebesbeziehung von diesem Siegel regiert. Das gesamte Leben ist durch die Archetypen gekennzeichnet.

Die Geburt will ans Licht. Was braucht man dazu? Kraft, um ans Licht zu kommen! Der Samen braucht, um die schützende Hülle zu sprengen, Kraft, Kraft und noch einmal Kraft.
Wenn eine Frau ein Kind zur Welt bringt, braucht sie ihre gesamte Kraft und ihren ganzen Willen, um die Geburt gut zu überstehen. Die jungen Pflanzen entwickeln gleichermaßen solch enorme Kräfte, dass sie sogar das Laub, das modrig am Boden liegt, durchbohren. Asphaltdecken werden von Wurzeln gesprengt. Der Enthusiasmus einer neuen Liebesbeziehung lässt einen alle Hindernisse beseitigen; dasselbe gilt für Geschäftsgründungen. — Volle Kraft voraus!
Der Gedanke der Selbstbehauptung erfüllt das ganze Sein. „Ich will, ich muss leben. Ich bin das Neue und muss bestehen, auch wenn das Alte sterben muss!"

2. Das Siegel des Wachstums

Die nächste Lebens-Phase muss nun nach der Geburt das Wachsen sein.
Die Natur ist dafür das beste Beispiel: Nach dem Durchbruch der ersten Keimlinge dauert es nur ein paar Wochen, und alles ist grün.
Auch beim Menschen ist jetzt Entwicklung angesagt. In dieser Zeit wächst und entfaltet sich der junge Mensch. Man kann fast zusehen, wie er jeden Tag größer wird; allerdings noch nicht geistig, sondern rein physisch. Das Kind begreift seine Umgebung voll als rein stofflich. Es erfährt seine Umwelt mit allen Sinnen, und es bildet sich so ein erster Eindruck von der Welt. Dieser Eindruck kann aber nur rein materiell sein, denn geistiges Wachstum ist hier noch unmöglich. Das Kind kann noch keine geistigen Wahrheiten erkennen und umsetzen und baut sich so eine Realität aus

Stoff und Illusion auf. Diese Illusion hat den Menschen voll in Besitz genommen. Die Fesseln und Fangnetze der Materie legen sich immer enger um den jungen Menschen, sodass er die Stoffwelt als einzige Realität erkennt.

Wachstum im neu gegründeten Geschäft steht hier an erster Stelle, wenn man es rein biologisch und auf das „materielle" Leben beziehen möchte.

Doch der Dornröschenschlaf sollte in dieser Zeit nur vorübergehend sein. Wenn er länger dauert, wächst er sich zur Stoffgebundenheit aus und kann — was nicht selten vorkommt — den Menschen ein ganzes Leben lang gefangen halten.
Alle diese Gebundenen sind auf dem Entwicklungsweg ihrer Weltenwanderung noch junge Seelen (die noch einen weiten Weg vor sich haben), während jene anderen, die das Joch der Stoffgebundenheit abwerfen und das Tor zur glückseligen, göttlichen Welt aufzustoßen vermögen, alte Seelen sind (dem Ziel schon bedeutend näher gekommen).
Ja, alle Menschen, die in dieser zweiten Stufe des Egoismus und der Stoffanbetung stecken bleiben, sie alle — mögen sie noch so mächtig sein und soviel Geld besitzen — sind dennoch nicht die wirklich seligen, denn sie schalten und walten nur im Reich des Vergänglichen.
Aus dieser Gefangenschaft im Stoffwahn kommt alle Ichsucht und Besitzgier, erwächst alle Schuld, alles Leid, alle innere Leere, Unfreiheit und aller Unfrieden, entstehen alle Kriege, alle Unrast und Lebensunsicherheit. Jeder sucht und sucht und gerät in eine Sucht. Sucht heißt Suche; nur: wonach, wohin, und mit welchen Mitteln?

3. Das Siegel der Ahnung

Die nächste Lebens-Phase ist die Zeit der Geschlechtsreife, des Blühens und des Erwachsenwerdens, der Pubertät.
In diesem Blühen und dieser Geschlechtsreife ist ein großes und heiliges Mysterium verborgen. Jedes höher entwickelte Geschöpf der Erde, und wäre es noch so groß und seine Lebensdauer noch so lang, müsste schließlich spurlos verschwinden, wenn die Geschlechtsreife, die Vermehrung in dieser Phase nicht wäre.
Im Mai und Juni des Jahres steht auch die Natur in voller Blüte und die Insekten sind im vollen Einsatz. Die Arterhaltung steht im Vordergrund. Das sich Hinwenden, vom Ich zum Du kennzeichnet auch die „Phase des Erahnens" im Gemütsleben des Menschen.
Rein körperlich drückt sich dieser Zeitabschnitt durch die Geschlechtsreife aus. Die Pubertät mit all ihren Ausformungen und Kapriolen hat hier das Sagen. Die jungen Menschen, die vorher das andere Geschlecht absolut nicht beachtet hatten, entdecken sich und das andere Geschlecht. Ihr Körper wird nun wichtig. Das junge Mädchen wird zur Frau, der junge Bub zum Mann. Sie entdecken die Liebe zueinander. Eine recht stürmische Zeit, alles in allem.

Emotional spielt sich ebenfalls gewaltig viel ab in dieser Phase. Der Mensch, der vorher Egoist war, wird nun erkennen, dass andere Menschen auch noch da sind, die leben wollen.

Ein rein materiell orientierter Mensch wird erkennen, dass Besitz nicht das einzig selig Machende auf der Welt ist.

Was in Kindesjahren nur auf sich konzentriert war, erlebt sich nun in der 3. Lebens-Phase geöffnet für den Anderen. Der junge Mensch, der verliebt ist, nimmt so manche Schwierigkeit auf sich, um dem geliebten Menschen nahe zu sein. Er kümmert sich nicht darum, ob das Wetter schön ist oder ob es regnet. Er will der Liebe nahe sein. Das heißt, dass er erkennt, dass es mehr gibt, als zur Schule zu gehen, zu essen und zu schlafen und zu spielen. Das sind dann die Jungen und Mädchen, die mit geistesabwesendem Blick in der Schule sitzen und mit den Gedanken komplett woanders sind.

Eine Entsprechung dieser Phase gibt es natürlich auch im geistig-spirituellen Leben. Der Mensch kann mit 40 Jahren voll im Berufsleben stehen oder auch mit 70 im Ruhestand sein und nun diese Entwicklungsphase durchleben. Das heißt jetzt nicht, dass er sich wieder verlieben wird, nein, beileibe nicht. Diese Phase spielt sich nur im Geistigen ab und wird als die „Ahnung" bezeichnet. Vorher war er nur auf das rein Materielle fixiert; jetzt beginnt sich in ihm etwas zu regen, ein Drängen, ein Ahnen, das da mehr sein muss. Das Gemüt regt sich und das Gefühl.

So wie der junge Mensch zum anderen, zur Liebe hindrängt, wendet sich nun der Mensch zum Geistigen hin und erfährt die Ahnung, dass es eine geistige Welt geben muss, eine Welt, nicht mit den Sinnen greifbar, und er sieht die Welt sich teilen in eine rein geistige und eine rein materielle. (In Wirklichkeit besteht jedoch keine Trennung.) Und diese Ahnung macht gewaltigen Aufruhr.
Das „Erwachen der Seele" kennzeichnet diese Entwicklungsstufe, wann immer sie erfolgen mag im Leben eines Menschen.

Ohne dieses Erwachen, dieses Erahnen, dass es da eine geistige Welt gibt, kann es unmöglich einen Fortschritt in der spirituellen Entwicklung geben: **das erkennende Wissen.**

Aber die Tragik dieser Phase ist es, dass der Mensch nicht in diesen Erkenntnishöhen bleiben kann. Die Stoffwelt, in der er so lange gefangen war, fordert unerbittlich ihr Recht. Der frisch Verliebte fällt, nach dem ersten ordentlichen Krach wieder zu Boden. Der im Beruf Stehende wird mit aller Macht von der Stoffwelt in Beschlag genommen. Und zu guter Letzt ist da noch die Ratio. Denn, die geistige Dimension **ist ja erst ein Ahnen**, ein kurzes Aufflackern, welches von der eingefahrenen Ratio schnell wieder unterdrückt wird. Dennoch ist das Erleben dieser Phase der erste und wichtige Schritt in die Erkenntniswelt des Geistigen. Und diese erste Ahnung bleibt und lässt sich nicht unterdrücken.

Aber noch sind wir nicht so weit. Auch der junge Mensch wird von der Berufsausbildung in Beschlag genommen, sodass er sich noch und noch in die Stoffwelt der Materie hinein wühlen muss. Aber das ist bei jungen Menschen völlig in Ordnung. Ihre Zeit kommt später. Ein Problem kann für die Entwicklung des Menschen nur dann erwachsen, wenn er älter ist und diese Ahnung der geistigen Welt unterdrückt. Dann besteht die Gefahr, dass er hängen bleibt und sich das Gewölk des Stoffwahns umso dichter um seine Seele legt.
Warum ist das so? Die geistige Welt will

gespürt, erlebt und ganz sensibel erfahren werden. Wenn nur eine Ahnung besteht, werden die leichten Gedankensplitter sehr bald von der „rauen Wirklichkeit“ übertönt.

In früheren Zeiten gab es deshalb Rituale, junge Männer und Frauen auf diese neue Lebensphase vorzubereiten. Solche Zeremonien sind wichtig, um die Seele auf eine neue Entwicklungsstufe einzustellen.

4. Das Siegel des Wissens und des Gefühls

Von der Ahnung zur Gewissheit.
Im Juni und Juli entfaltet die Sonne ihre höchste Kraft. In der Natur offenbart sich diese Zeitqualität durch Befruchtung und Bestäubung. Männliche und weibliche Kräfte zieht es zueinander.

Auch beim Menschen ist jetzt die volle Kraftentfaltung gegeben. Das Studium, die Ausbildung wird beendet. Die Dinge werden gefestigt. Der richtige Partner fürs Leben wird gefunden, falls er gefunden wird. Die Geschlechtsreife des jungen Menschen drängt zur Zeugung, eine Familie wird gegründet. **Der Mensch weiß, was er will.**

Im geistigen Bereich wird durch diese Stufe ausgedrückt, dass es mehr geben muss als diese Ahnung, die in der vorherigen Stufe vorgeherrscht hat.

Leider wird aber diese Ahnung, diese zarte Blüte der Seele, bei den meisten Menschen in den Jahren ihrer Lehre, ihres Studiums und in den darauf folgenden Jahren des Existenzaufbaus von der Materie nur zu bald verschüttet und erstickt! Unmerklich legt der Stoff, dieser Trugwahn, einen Schleier über die Augen des jungen Menschen, macht ihn unbarmherzig zu seinem Gefangenen. Im selben Maße schwinden Ideale und mit ihnen die Ahnung von der geistigen Welt und dem geistigen Urgrund aller Schöpfung. Immer nachhaltiger wird der Mensch gefesselt durch den Stoff, durch Geschäft, Ehrgeiz, Besitzstreben und die Sorge um Sicherheit (dass das Bankkonto stimmt). Da dieses materielle Streben die einst bereits gefundene Ahnung überdeckt und erstickt, sinkt der Mensch wieder zurück auf die zweite Stufe des Stoffwahns und bleiben ein Leben lang sein Gefangener. Er erwacht sein ganzes Leben lang nicht zur Wahrheit des Daseins.

Doch wenn es ihn zu dieser geistigen Welt und ihren Schönheiten zieht, sodass die in der dritten Stufe der Lebensentwicklung aufblühende Ahnung von der Zweipoligkeit der Welt nicht erstickt und unterdrückt wird, drängt der Mensch immer unermüdlicher von der Ahnung zum Wissen, immer hartnäckiger geht er dem Sinn und Geheimnis des Lebens nach. Er betrachtet die Pflanze, das Tier, den Menschen, und immer drängender stellt er sich die Frage: „Warum?“ Und dann beginnt er zu suchen. Nicht mit herkömmlichen Methoden, die nur das Detail genauestens erforschen. Nicht das Forschen in der Materie ist gemeint, sondern Suchen nach dem geistigen Warum? Woher? und Wohin?
Wer ist der Erbauer der Welt? Woher kommt das? Wohin gehe ich? Was ist mein Lebensweg? Und nun fängt der Mensch an, so lange zu suchen und zu fragen, bis

er wirklich befriedigende Antworten erhalten hat.

Auf die Suche nach dem wahren Leben bringt ihn paradoxerweise der Tod. Wenn er ein totes Tier, oder einen toten Menschen sieht und er sieht, dass diesem Menschen absolut nichts fehlt, sondern er nur steif und starr daliegt, also ohne Geist, dann beginnt der Mensch zu überlegen, was ihm fehlen könnte: eben dieser Geist, der nicht sichtbar ist, obwohl der Körper sichtbar daliegt. Klar kann man jetzt sagen: Der Herzmuskel ist geplatzt, das Gehirn hat aufgehört zu arbeiten usw. Doch wer lässt das Herz arbeiten, wer ist der Erbauer des Hirns, wer lässt im Mutterbauch den Embryo nach dem schöpferischen Plan heranwachsen? Wer sagt einem Apfelbaum und einem Birnenbaum, wie sein Blatt, seine Frucht beschaffen sein muss? Woher weiss die Biene, dass sie den Blütenstaub in die Körbchen an ihren Hinterbeinen kleben muss? Wer befiehlt den Blutkörperchen, ihre Tätigkeit als Gesundheitspolizei wahrzunehmen?
Artgedächtnis oder Erbinstinkt nennt es die Wissenschaft. Wer aber lehrt das Artgedächntnis, wie es sich zu verhalten hat? Wie kann etwas sein ohne Urgrund?
Irgendwann muss jeder Mensch erkennen, dass es nur eine Kraft gibt, die all diese Wunder zustande bringt: GOTT (der Urgeist, oder wie immer wir diese Kraft bezeichnen wollen) ist die einfache Antwort auf all diese Fragen.

Doch wie so vielen Religionen ist auch unserem Christentum der Ursprung verloren gegangen. Was lebt uns Jesus vor? Was predigt er uns? Nichts anderes als die reine Liebe Gottes. Dieses Christus-Bewusstsein ist die Kraft, die in jedem Menschen fließt und nur darauf wartet, geweckt zu werden.

So, wie das Sonnenjahr fortschreitet, wie aus Sommer dann Herbst und Winter wird, so soll sich die Menschheit weiterentwickeln. Aber nicht, wie sie es zum gegenwärtigen Zeitpunkt tut: nämlich linear und technisch und immer mehr in Richtung Höchstleistung und Rekorde. Eine energetische und spirituelle Entwicklung sollte angestrebt werden. In diesem Bereich wäre es an der Zeit, Höchstleistungen zu vollbringen.

5. Das Siegel der Kraft und Reife

Glühend heiß steht im Juli und August die Sonne am Himmel und gießt das Übermaß ihrer Feuerkraft auf die Erde.

Bei der Pflanze ist nun die Frucht- und Samenbildung die Hauptsache. War in der vorhergehenden Stufe Befruchtung und Bestäubung das Ziel, so sind nun alle Kräfte zu aktivieren, damit die Frucht sich bestmöglich entwickeln kann. Der Sommer ist da, der Höhepunkt im Jahreskreis ist erreicht.

Auf das menschliche Leben umgesetzt, bedeutet das nun die Zeit der vollen Kraftentfaltung. Er steht voll im materiellen Leben. Ob Blutandrang oder Hormonausschüttung, auch im Körperlichen entfaltet der Mensch nun seine Höchstkraft.

Die geistige Entwicklung des Menschen
Das Siegel der 5. Stufe entspricht dem Löwe-Zeichen in der Astrologie. „Löwe“, dieser gesegnete Führer aber, kann im Le-

bensprozess nur der sein, der sich die geistigen Bedingungen der 4. und 5. Stufe zu eigen gemacht hat. Wer sich in der 4. Stufe, in der Phase des Wissens und Gefühls zur Erkenntnis durchgerungen hat, dass Stoff und Materie niemals existieren können, sondern nur Manifestationen der geistigen Welt sind, der ist frei von den Verblendungen der Welt. Dieser Mensch muss also die Illusion abgelegt haben, und kann auf dieser Grundlage das geistige Gebot der Kraft- und Reifestufe erringen: den Willen.

Was ist nun das Gebot dieser 5. Stufe?
Der Mensch ist in den ersten zwei Stufen erkenntnismäßig schlafend und ganz vom Stoffwahn gefangen. In der dritten Stufe erwacht seine Seele zur Ahnung, die in der vierten Stufe zur Erkenntnis führt, dass Gott alleine existiert und nur Gott und sonst nichts außer Gott, und dass Gott das einzige ist, was wirklich und real existiert. Wenn der Mensch erkannt hat, dass es nur einen Ausgangspunkt allen Lebens gibt, nämlich Gott, und er sich selber als Teil Gottes fühlt, ***dann kann es für ihn nur mehr eine Aufgabe geben: nämlich so zu leben, dass er sich selbst und den Mitmenschen und der Umgebung, der Natur als würdig erweist.***
Denn von der geistigen Welt zu wissen, also die kosmische Erkenntnis zwar zu haben, aber doch ein von den Leidenschaften und Versuchungen Hin- und Hergerissener, ein Gefangener zu bleiben, das hilft nichts! Man muss dieses geistige Wissen um Liebe und Harmonie verwirklichen, man muss es in die Tat umsetzen: Man muss das Siegel der Kraft und Reife leben. Ein wahrer „Löwe" werden.
Ganz wichtig ist: Man darf niemals gegen sich oder seine Blockaden und Probleme kämpfen.
Das heisst nun nicht, dass man die Hände in den Schoss legen soll und sich nicht verbessern darf. Wir alle müssen uns täglich bemühen, das Beste zu geben.
Aber negative Tendenzen im Menschen dürfen niemals unterdrückt werden, sonst besetzen sie ihn. Nein, sie müssen erlöst, aufgearbeitet werden. Konfrontation und nicht Verdrängung muss stattfinden. Und zu diesem Prozess braucht der Mensch den Willen, die Erkenntnis und Praxis.
Nur: Die meisten Menschen wissen nicht, wie man diese Blockaden, Komplexe und unbewussten destruktiven Tendenzen (Selbstsucht, Gier, Stolz, Zweifel, Zynismus, Hochmut, Fanatismus uvm.) aufarbeitet und bewältigt.

Gerade auch deswegen wurde dieses Diagnose- und Therapie-Mandala entwickelt, um damit diese Blockaden zu erkennen und Möglichkeiten zur Bewältigung zu schaffen.

6. Das Siegel der Reinigung

Die 6. Stufe im Jahreskreis, bezeichnet etwa den Zeitraum August und September. Das Jahr wird schwächer, verliert an Kraft und das sieht man auch in der Natur. Das Wachstum ist vermindert. Etwas mehr Ruhe kehrt ein. Für den Menschen bedeutet dies mehr Zeit zur Besinnung.

Körperlich-biologische Entwicklung:
Körperlich sieht man beim Menschen, daß seine Lebenskraft schwächer wird. Die emporschlagenden Flammen der Triebkraft gehen in ein ruhiges stetiges Brennen über. Diese Stufe dauert etwa vom 42.

bis zum 50. Lebensjahr bei einem normal entwickelten Menschen. Man erkennt, dass mit 42 Jahren der Mensch nicht mehr so ist, wie mit 25 oder 30. Die Lebensmitte ist erreicht. Er steht auf der Höhe des Berges, aber ist nicht mehr auf der Höhe seiner Kraft. Wenn man auf dem Gipfel eines Berges steht muss man wieder hinuntergehen. Wenn der Mensch älter wird, beginnen die ersten körperlichen Problemchen, die ersten Krankheiten - wenn sie nicht schon durch falsche Lebensgewohnheiten früher aufgetreten sind.

Der Mensch sollte sich spätestens in dieser Reinigungs-Stufe fragen, was der Sinn einer Krankheit ist, was ihn krank werden lässt, welche geistigen Ursachen dafür verantwortlich sind, und was man unternehmen kann, um wieder völlig gesund zu werden.

Gott hat den Menschen nach seinem Ebenbild „erschaffen", also vollkommen und gesund. Erkrankt der Mensch, ist das nun sicher nicht von Gott aus so gedacht. Nein, der Mensch wird aus sich selber krank. Krankes Denken, krankes Fühlen, krankes Handeln, kranke Ernährung.

Jede Krankheit ist ein Zerwürfnis des Menschen mit Gott, also ein Fallen aus der Harmonie in die Disharmonie, ein Verlieren des Einklanges mit dem Unendlichen.

Der Mensch, der in Harmonie mit Gott ist, kann nicht krank werden.

Also ist die richtige Ernährung, das richtige Denken und das richtige Fühlen entscheidend für diese 6. Lebensphase.
Reinigung ist angesagt - ein Zurücklassen von alten Mustern und schlechten Gewohnheiten.

Der Mensch, der mit äußerster Sorgfalt sein Auto pflegt, putzt, wäscht, ölt und zum Service bringt; ist seinem Körper, diesem Wunderwerk an Energie, Nerven und harmonischem Zusammenspiel gegenüber oft von einer Ahnungslosigkeit, Unachtsamkeit und Unwissenheit und behandelt ihn mit einer Rücksichtslosigkeit, die unfassbar ist. Die Folgen sind unausweichlich.

Wer gesund in die zweite Lebenshälfte gehen will, muss das Gebot der Stunde annehmen und sich nach dem Lebensrhythmus richten, der diesen Lebensabschnitt kennzeichnet. In dieser Phase muss die große Reinigung stattfinden. Der Mensch soll nicht warten, bis er von Krankheiten befallen wird.
Bewusste Ernährung ist für das biologische Gesunderhalten des Körpers unabdingbar.
Frage: Sind Fleisch, Zucker, Weißmehl, Konservierungsstoffe, Farbstoffe, Geschmacksverstärker, Alkohol, Nikotin, Kaffee notwendig oder schaden sie der Gesundheit?
Frage: Sind in biologischer Landwirtschaft erzeugte Lebensmittel; essen nach den Angeboten der Saison und Jahreszeit; wenig essen, dafür gehaltvoll; bewusst kauen und geniessen nicht besser für das körperliche und seelische Wohlbefinden?

In der Schule lernen wir alle möglichen Daten, Jahreszahlen, und Fakten, aber für die elementarsten Dinge, die unseren Körper, unser Wohlbefinden betreffen, gibt es scheinbar kein Budget an den Schulen. Es ist gegebenenfalls dem Engagement einiger beherzter Lehrer zu verdanken, wenn dieses Wissen in Ansätzen vermittelt wird. Haben die Verantwortlichen wirklich so wenig Interesse daran, dass die Menschen gesund sind?

7. Das Siegel der Harmonie und des Gleichgewichts

Nun herrscht Ruhe. Das Sonnenjahr geht langsam zu Ende, der Sommer ist vorbei. Die Kraft der Sonne lässt nach. Die letzten Früchte werden geerntet, die Natur hat ihre Aufgabe in dieser Phase erfüllt. Die Samenreifung findet statt, damit nächstes Jahr wieder alles austreiben kann. Im September und im Oktober herrscht Ausgeglichenheit in der Natur.

Auch der Mensch ist in Ruhe und Harmonie. Die Turbulenzen des Lebens weichen einem inneren Gleichgewicht. Der Mensch nähert sich dem Ruhestand und sollte die Dinge nicht mehr „gar so eng" sehen. Ein Problem gibt es nur dann, wenn der Mensch keine Ruhe geben will und weiter rackert und arbeitet, bis er buchstäblich „tot umfällt". Denn auch Arbeit kann, wenn sie zur Sucht wird, zur Krankheit ausarten. Stress, nervliche Überbelastung, Unruhe, einhergehend mit Herz- und Kreislauferkrankungen, vegetative Störungen bis hin zum so genannten „Burnout-Syndrom" sind die logische Folge ständiger Anspannung.

Doch im Normalfall sind Harmonie und Ausgeglichenheit die natürlichen Kennzeichen dieser 7. Entwicklungsstufe des Lebens.

8. Das Siegel des Rückzugs

In der Zeit von Oktober und November wird die Sonne zu Grabe getragen . Herbststürme brausen übers Land. Das Leben zieht sich in die Wurzeln, in die Erde zurück; und symbolisch auch die Sonne in die Unterwelt. Diese Rückzugsphase symbolisiert den Tod. Das Jahr stirbt. Die Natur kommt zum Stillstand, die Lebenssäfte ziehen sich zurück und der Winter beginnt langsam seine Herrschaft. Doch dieser Tod ist nichts Endgültiges, sondern nur die bergende Ruhe, bis neues Leben erwacht. So ähnlich ist es, wenn wir wirklich sterben. Wir ziehen uns in die bergende Ruhe der jenseitigen Welt zurück, um im neuen Leben wieder zu erwachen. So ist diese Phase nur ein Wechsel, eine Vorbereitung auf eine neue Geburt.

Auch in den Lebensphasen des Menschen findet dieser Rückzug seine Entsprechung. Der Körper wird immer weniger leistungsfähig. Die Zeugungsfähigkeit des Mannes sinkt immer mehr, und die Frau, kommt in ihre Wechseljahre, in denen die Östrogenproduktion versiegt und somit die Empfängnisfähigkeit endet. Der neue biologische Lebensabschnitt des Alters beginnt.

Doch bezeichnend für die 8. Phase ist, daß dieses Sterben noch nicht akzeptiert wird. Es kommt der große Aufruhr. Noch einmal regt sich das Geschlecht, noch einmal möchte es sich der Mann beweisen und seine Manneskraft zeigen.

Der „zweite Frühling" kommt, ehe seine Geschlechtskraft für immer stirbt.

Was in der 3. Und 4. Lebensphase wichtig und von Mutter Natur vorgesehen ist, bereitet in der jetzt durchlebten 8. Phase nur Sorgen und Kummer. Deswegen könnte diese Phase auch als die des Todes und der Trauer bezeichnet werden..

Ich möchte noch einmal betonen: Diese Beschreibung des Entwicklungsweges des Menschen hat absolut nichts mit der herkömmlichen Astrologie zu tun. Also sind mit den Zeichen und Siegeln hier nicht die Planetenstände gemeint und der Aszendent, unter dem der einzelne Mensch geboren wird. Das sind keine Persönlichkeitsdeutungen, wie sie in einem herkömmlichen Astrologie-Diagramm sichtbar werden. Der Mensch, der im Sonnenzeichen Skorpion geboren wurde, hat mit diesem Mandala-System keine Verbindung, und es besteht kein Grund zur Annahme, dass ein Mensch, der Anfang Oktober geboren wurde, also ein Waage-Mensch, nur in Harmonie und Ausgeglichenheit lebt.
Gemeint sind hier Phasen der Entwicklung zur geistigen Menschwerdung, wie sie jeder Mensch auf Erden durchleben muss, unabhängig von Kultur, Nationalität, Hautfarbe und Stand in der Gesellschaft.

Das 8. Siegel und seine Entsprechung in der Bibel:
Eine kurze Metapher zur Erklärung dieses Siegels des Rückzugs: Die Vertreibung aus dem Paradies nach den Aufzeichnungen der Bibel.

Was passiert da: Adam und Eva leben im Garten Eden. Alle sind glücklich, weil alle eins sind mit Gott. Deshalb sind sie ja auch nackt, und keiner kommt auf den Gedanken, sich der Nacktheit zu schämen.
Tatsache ist, dass dieser Text eine Allegorie darstellt, und gedeutet werden muss, wenn man ihn verstehen will. Der Mensch war damals ein entwickeltes Wesen, im höchsten Maße erleuchtet und mit Gott vereint.
Damit verbunden sind: Macht, Freiheit, Würde, die Gewissheit, das Ebenbild Gottes zu sein.
Und dann gab es zwei Bäume: den Baum des Lebens (die geistige Welt) und den Baum der Erkenntnis von Gut und Böse (die materielle Welt). Diese polaren Kräfte symbolisieren die Dualität oder die Welt der Erscheinungen.
Der Apfel erscheint uns nun als Frucht vom Baum der Erkenntnis von Gut und Böse, also als die Frucht der Sexualität, die Schlange als Verführer, als Triebkraft und als Kundalini-Energie. (In indischen Heilsschriften wird die Kundalini-Shakti als zusammengerollte Schlange dargestellt, die an der Basis der Wirbelsäule ruht.) Und die in der Bibel beschriebene Verführung, die Erweckung der Sexualkraft, der Schlange, führt zur Lüsternheit nach dem Apfel. (Der Apfel steht hier für die Versuchungen der Welt.) Anstatt nun die Kundalini zu wecken (die Schlange) und sie von Baum des Lebens essen zu lassen (geistige Welt), ließ der damalige Gottmensch sich dazu verführen, den Apfel vom Baum der Erkenntnis (dem Konsum und Materialismus), zu kosten. Das heißt: Wir Menschen haben unsere Geschlechtlichkeit entdeckt. Anstatt uns weiterhin von Licht und der Gnade Gottes zu ernähren, fielen wir von größter geistiger Höhe herab in die niedersten Gefilde der materiellen Stoffwelt.
„Da aber wurden ihnen die Augen aufge-

tan und sie erkannten, dass sie nackt waren."
Und genau dieses passiert in unserer Rückzugsphase, unserem 8. Lebensabschnitt.

Alle Desaster, die wir jetzt hier auf der Welt haben, sind auf diesen „Sündenfall" zurückzuführen.
Und das Traurige daran ist, dass dieser Sündenfall, das rein materiell ausgerichtete Leben immer noch gelebt wird, ohne Unterlass. Ohne Pause wird statt der wahren geistigen Liebe zu allem, was lebt und lebendig ist, der Eros Sexus gelebt.
Auch Sexualität ist ganz wichtig, wenn sie harmonisch, in Liebe, in Gottesliebe gelebt wird.
„Eros Sexus" ist hier als rein materielle Gier und Lust, die nur die Befriedigung des eigenen Ego kennt, gemeint. Das kann sich in allen möglichen Blockaden äußern: Materialismus, übertriebenes Konsumdenken, Machtstreben, Aggressionen und dergleichen mehr.

Der Schöpferkraft hat es gefallen, diese Stufe gleichsam als Prüfstein und Todesreich zwischen die irdische und die geistige Welt zu stellen.

Nur dem, der diese Prüfung siegreich besteht und das „Gift" des Skorpions überwindet, den vollkommenen Weg in die geistige Welt, das Reich Gottes, frei zu machen.

Leonardo da Vinci, der geniale Künstler, hat in seinem Gemälde „Das letzte Abendmahl" genau diese Thematik dargestellt: Die 12 Apostel sind die zwölf Archetypen oder Siegel, Christus steht für die Sonne; die 12 Apostel sind der sichtbare Leib Christi. Er selbst ist der göttliche Geist dieses Leibes. Dieser Archetypengliederung entsprechend ist jedem Apostel (Siegel) ein bestimmter Körperteil des Menschen zugeordnet.

9. Das Siegel der Sehnsucht

In der Natur ist nun die Zeit der Stille. Die Felder sind leer, die Gärten kahl. Die Abende sind lang und fordern zur Besinnung auf. Man sollte sich in dieser Zeit, etwas mehr Ruhe gönnen, nachdenken über das Leben. Der Mensch sehnt sich nach Licht und Sonne, denn in der Natur herrscht der Spätherbst.
November und Dezember: Die Tage sind kurz, die Nächte lang. Alles liegt wie tot und begraben.

Es ist die Zeit des Wartens und der Stille, nicht umsonst die Zeit des Advents und Weihnachten. „Adventus" heißt Ankunft. Worauf warten die Menschen? Auf die Auferstehung des Lichts! So wie die Seele des religiösen Menschen sich in diesen Wochen des Schützemonats ganz besonders nach geistiger Hingabe sehnt, so verlangen Körper und Gemüt nach Sonne, Licht und Wärme.

Also stehen Sehnsucht nach dem Spirituellen, Sehnsucht nach Licht und Wärme im Mittelpunkt dieser 9. Entwicklungsstufe des Menschen.

Im normal-biologischen Leben tritt der Mensch in dieser Phase in den Ruhestand; die Sexualkraft hört nun langsam, aber sicher ganz auf. Und die geistigen Dinge, die aufgrund des Berufs hintangestellt wurden, erleben jetzt die Zeit ihrer Erfüllung.

Der Mensch wird älter, und immer mehr denkt er nach, über das Leben, was es soll, wie es weitergeht. Er wird stiller und geht mehr in sich.

Noch ein kurzes Wort zur Materie:
Das Gefährliche ist natürlich nicht die Materie an sich, sondern ihre verführerische Ausstrahlung und unsere Einstellung dazu, denn sie hält uns fern von den lichten Bezirken der Reinheit.
Diese Ausstrahlung ist das Gefährliche, das uns verführt und verstrickt in die Welt des Materialismus.
Nicht der Wein ist schlecht, nicht der Schmuck und erst recht nicht der schöne Körper einer jungen Frau oder eines jungen Mannes.
Nein, unsere Einstellung ist das Entscheidende. Der eine sieht die Frau oder den Mann und freut sich wunschlos an dieser Schönheit, der andere wird halb krank vor Lust und Verlangen. Der eine sieht den schönen Schmuck und genießt den Anblick unbefangen, der andere hat nicht früher Rast und Ruh, ehe er ihn besitzt.

In dieser Stufe begegnen wir nun der Sehnsucht, aus der Tiefe herauszutreten in die hellen Bezirke der Reinheit.

10. Das Siegel des Willens und der Überwindung

Nun beginnt die drittletzte Stufe, im Dezember und Januar des Jahreskreises.
Nicht mehr Tod und Sterben wie in den beiden vorhergehenden Entwicklungsstufen, sondern winterliche Fröhlichkeit regiert das Land. Tiefer Winter, Schnee und Eis regieren.

Sonnwendfeiern finden statt: Nicht die Geburt der Sonne, sondern die Auferstehung der Sonne wird gefeiert. Denn die Sonne wird erst am 21. März geboren, wenn die Tage länger als die Nächte werden. Jetzt, am 21. Dezember, wird die Sonne gewendet, nicht geboren. Das heisst: Die Tage werden nicht mehr kürzer, sondern länger, was keine sichtbare Geburt, sondern eben eine Wende bedeutet.
Also ist die Wintersonnenwende der Punkt der unsichtbaren, aber kosmisch berechenbaren Auferstehung der Sonne und damit spirituell die Auferstehung des Geistes.
Kommen wir nun zur kosmisch-biologischen Bedeutung dieser Phase:
Der Winter ist der Sarg. Wer liegt im Sarg? Der Tote, etwas Gestorbenes. Was ist gestorben? Der Lichtmensch, getötet durch die 8. Lebensphase des Rückzugs. Was ist Frühling? Die Geburt, die Wiege, etwas Neues.

***Also muss Auferstehung die eigentliche Bedeutung dieser 10. Phase sein.
Jetzt beginnt der letzte Kampf, der Steinbockkampf, um ein für alle Mal die Gefangenheit in der Stoffwelt zu überwinden und für immer befreit zu sein.***

Rein körperlich tut sich vom 63. bis zum 70. Lebensjahr Ähnliches, aber eben nur rein körperlich. In dieser Zeit löst sich der Mensch langsam, aber sicher von den Bindungen der physischen, materiellen Welt: Pension, völliges Nachlassen der sexuellen Energie, langsames Vorbereiten und

Nach-innen-Gehen. Auch der Mensch, der mit geistig-spirituellen Dingen nichts „am Hut“ (sprich Kronen-Chakra) hat, beginnt sich langsam Gedanken über den Sinn des Lebens zu machen.

11. Das Siegel der Befreiung

Von Anfang Januar bis Februar dauert diese Zeit.
Die Sonne wird langsam, aber sicher wärmer und die Tage auch, obwohl es noch Winter ist. Das ist die Zeit, in der die katholischen Christen Maria Lichtmess feiern, ein Fest, das in seiner Urbedeutung von den Druiden, den keltischen Priestern, übernommen wurde. Dort hieß es „Imbolc“, die Vorbereitung auf die Geburt der Sonne, welche dann am 21. März wirklich neu geboren wird.
Das war auch die Hoch-Zeit unserer Ahnen: Von Beginn dieser Phase bis Ende Juni durfte geheiratet werden, weil da die Sonne aufsteigt und an Kraft gewinnt.
Heute in unserem Kulturkreis ist der Fasching in dieser Zeit angesetzt. Tanz bedeutet ja Brautwerbung, und Brautschau. Aus Überlieferungen ist uns bekannt, dass unsere Vorfahren ein ursprüngliches Gefühl für „die richtige Zeit“ hatten. Sie spürten auch noch die Ausstrahlung eines Menschen zu der man sich entweder hingezogen oder von der man sich abgestoßen fühlte. Sie ließen sich nicht vom Geschlechtstrieb, von Oberflächlichkeiten wie einem schönen Gesicht, einem gut gebauten Körper beeindrucken, sondern sie achteten darauf, ob ihre Energien harmonisch zusammen schwangen.
Heutzutage wird nur mehr zum Vergnügen getanzt, im besten Fall aus gesundheitlichen Gründen oder um Liebesbeziehungen anzubahnen, aber auf keinen Fall mehr aus sakralen Beweggründen. Heute trifft man die Gattenwahl meist bewußt nach äußeren Gesichtspunkten.

Rein körperlich-biologisch löst sich der Mensch in dieser 11. Stufe, d. h. im Alter von 70 bis 77 Jahren, von allen weltlichen Bindungen. Auch wenn er noch rüstig und gut aufgelegt und gesund sein mag, löst er sich von der Welt und denkt immer mehr über Tod und Jenseits nach. Ein Mensch, der ständig in der 1. und 2. Stufe der Entwicklungsskala verblieb, bekommt auch jetzt nichts mit und schläft schön langsam in den Tod hinüber. Der Übergang geht scheinbar wie von selbst.

Der „schlafende“ Mensch, der dem Ende seines Lebens allmählich nahe kommt, steht nun in der rätselhaften Welt des Jenseits — aus der er kam und in die er wieder gehen wird — so nahe gegenüber, dass er ohne sein Dazutun immer mehr dorthin gezogen wird.

Die irdische Welt hat ihre Scheinbedeutung verloren, denn der Mensch sieht, was der Ursprung der Dinge ist, dass er in die andere Welt nichts mitnehmen kann: der Bettler nicht seinen Stab, der Bauer nicht seinen Pflug, der König nicht seine Krone. Gegenstandsloser Staub ist alles Materielle für diese andere Welt.

Deshalb ist der Mensch in dieser Phase auch fest verbunden mit Gottes Licht und Gottes Liebe.

12. Das Siegel der Vollendung

Der Vorfrühling dauert von Mitte Februar bis zum 21. März.
In der Natur (Pflanzen), im Menschen (körperlich, biologisch), in der Seele (spirituell, geistig) auf allen Ebenen ist dies die Stufe der Vollendung. — Der Kreis schließt sich.

Rein körperlich-biologisch spielt sich jetzt Folgendes ab:
In der 10. Stufe, also in der Lebenszeit von ca. 60 bis 70 Jahren, sehen wir wie die Lebenskraft und dadurch die Bindung an das Leben immer schwächer wird.

In der 11. Stufe nimmt die Kraft mehr und mehr ab, sodass der Mensch schließlich frei und ungebunden dasteht und „gehen" kann.
Wenn er ungebunden dasteht! Auch hier gibt es natürlich Ausnahmen, Menschen, die sich fest ans Leben klammern und ihren Reichtum nicht loslassen können, bis ihnen alles genommen wird.

Altersschwäche ist das richtige Wort.

Es fehlt nur noch ein Akt, und das ist das Hinübergehen in die andere Welt, das Sterben des physischen Körpers. Die 12. Entwicklungsstufe ist auf rein körperlich-biologischer Ebene das Sterben, für viele Menschen das Aus und das Ende. Viele können sich ein Leben nach dem Tod oder ein Lernen nach dem Tod in anderen Dimensionen absolut nicht vorstellen — traurig, aber wahr.

Aus diesem Grund klammern sie sich mit aller Macht an das Irdische, mit allen Verlockungen und Bindungen. Angst, Angst und noch einmal Angst regiert die meisten Menschen: Todesangst. Die Angst vor dem Tod ist die größte Angst, die wir Menschen haben.

Warum? Weil wir verlernt haben, die geistigen Dimensionen zu erkennen und nach ihnen zu leben.
Im Augenblick des Sterbens löst sich der göttliche Geist vom Körper, zerreißt das Band, das Körper und Geist verbunden hat; der Körper steht still. Nicht so der Geist, der plötzlich erkennt, dass es keinen Tod gibt, sondern nur einen Übergang. Der Mensch hat wieder einen Körper, nur eben einen feinstofflicher, er kann sich frei bewegen in der Sphäre der Astralwelt. Das heißt: Auf dieser Ebene werden Gedanken sofort Wirklichkeit. Und er erkennt welche Fehler, welche Probleme er in seinem Leben hatte und was er dazu beigetragen hat diese zu lösen. Das erkennt er aber erst nach dem Tod. In seinem irdischen Leben sagen die Stoffanbeter bestenfalls, dass alles ein Werk der Natur ist. Sie haben keinen Geist nötig, daher auch keine Seele, und somit ist auch Gott unwichtig.

ANWENDUNG

des Diagnose- und Therapie-Mandala-Systhems

Es ist wichtig, daß Sie Folgendes im Einsatz „Der 12 Siegel der Heilung“ verstehen: Sie müssen aktiv mithelfen, damit Sie erfolgreich sind. Durch Ihr Ausmalen des Diagnose-Mandalas geben Sie mir die Möglichkeit, ein genaues Bild von Ihnen zu zeichnen. Das Mandala wird ausgewertet, und aufgrund der Auswertung bekommen Sie ein neues Mandala zugeschickt, welches dann von Ihnen mit neuen Farben (den Therapiefarben) ausgemalt wird.

Nun zum Ablauf des ganzen Vorgangs:

Sie haben im Gesamtpaket drei große Diagnose- und Therapie-Mandalas.
Legen Sie sich bitte Farbstifte bereit. Auf der Umschlag-Rückseite ist ein Farbmusterstreifen mit den 8 Farben: Rot, Gelb, Grün, Blau, Violett, Rosa, Schwarz und Weiß abgedruckt, es sind jene Farben, die sie verwenden dürfen. Und was ganz wichtig ist: Nehmen Sie sich Zeit und Ruhe. Denn das Mandala, hektisch und schnell zwischendurch ausgemalt, wird Ihnen nicht viel nützen. Also setzen Sie sich hin und wählen Sie intuitiv die Farben, mit denen Sie das Mandala ausmalen wollen. (Sie müssen jedoch nicht alle dieser 8 Farben verwenden).

Achten Sie jedoch bitte unbedingt darauf, daß die gemalten Farben weitgehend den Farbwerten des Musterstreifens entsprechen.

Bitte fangen Sie innen, also im innersten Kreis mit dem Malen an und wandern dann Ring für Ring nach außen. Nicht von außen nach innen malen oder herumspringen, sondern wirklich von innen nach außen malen. Gehen Sie bei der Auswahl der Farben intuitiv vor. Mit Gefühl können Sie jene Farben erspüren, die genau richtig sind.

Das Mandala ist für Sie, nicht für mich oder jemand anderen. SIE wollen etwas verändern oder ein Problem bewältigen. Mit dem Diagnose-Mandala, dessen Auswertung und dem darauf aufbauenden Therapie-Mandala können auf allen Ebenen IHRER Existenz positive, heilende Veränderungen hervorgerufen werden, sofern Sie gewillt sind aktiv mitzuarbeiten. Alles andere wäre Selbstbetrug. Mit dem Ausmalen des Diagnose-Mandalas zeigen Sie Ihre Probleme auf, also falsche, blockierende Energiemuster, die dann durch die neuen, heilenden, harmonisierenden Schwingungen des eigens für Sie zusammengestellten, persönlichen Therapie-Mandalas ausgeheilt werden können.

Lassen Sie sich führen und nehmen Sie die Farben, die Ihnen in den Sinn kommen. Der Intellekt, der rationelle Verstand wird sich vielleicht einschalten und sagen: So ein Blödsinn, wie kann man durch scheinbar sinnlose Muster erkennen, welche Probleme ein Mensch hat? Hier irrt sich aber der Verstand ganz gewaltig, denn unsere Logik ist nur ein Teil unserer Persönlichkeit. Höhere Seelenebenen, die Gefühlswelt und das Unbewusste reagieren sehr wohl auf diese feinen Impulse.

Diese Mandalas sind aus dem tiefen Urwissen der Menschheit entstanden und so allgemein gültig für jedermann und jederfrau.

Voraussetzung für die richtige Diagnosestellung und darauffolgende Heilung ist Ihre Bereitschaft, sich auf diesen Prozess einzulassen, ehrlich zu sich selbst zu sein und bereitzu einer aufregenden und spannenden Reise zum inneren Selbst.

Die Erfahrungen zeigen, dass besonders Kinder sehr positiv auf die Therapiemandalas reagieren. Schulstress, Hyperaktivität und Neurosen beginnen bereits im Schulkindalter und können sich in späteren Jahren zu großen Problemen entwickeln. Hier bietet das Heilungs-Mandala Abhilfe.

Sei es jetzt, dass Menschen, die viel am Computer arbeiten, von diesem Mandala profitieren, oder solche, die großem Stress und Druck ausgesetzt sind: Die Mandalas wirken auf vielen Ebenen. Die Wirkung kann sich sofort zeigen oder erst nach einigen Tagen, sofern Sie bereit sind, bewusst in diesen Prozess einzusteigen.

Heilende und harmonisierende Wirkung hat das Therapie-Mandala in jedem Lebensbereich, ob im Körperlichen, in den Gefühlsebenen oder im Mentalen.

Der gesamte Mensch wird erfasst und integriert.
Sie werden anfangs vielleicht etwas Verwirrung oder Unruhe verspüren. Auch können sich Probleme kurzfristig verstärken, besonders im körperlichen Bereich. Dies sind Reaktionen des Körpers, die aber nur so lange anhalten, bis die Farben und Formen des Mandalas in Ihrer gesamten Persönlichkeit verankert sind.

Zu diesem Zweck erhalten Sie dann gemeinsam mit der Auswertung und den Vorschlägen zur unterstützenden Arbeit mit den ergänzenden Heilungs-Mandalas, eine spezielle Meditation um das Therapie-Mandala in seiner Wirkung zu potenzieren.

Arbeiten Sie täglich mit diesem Therapie-Mandala (3x täglich wäre ideal).
Sie werden selbst ein Gefühl dafür entwikkeln, wann es genug ist, und die gewünschten Veränderungen in Ihnen stattgefunden haben. Dann brauchen Sie Ihr persönliches Therapie-Mandala nicht mehr. Die blokkierenden Muster in Ihnen haben sich aufgelöst. Sicherlich haben Sie zu diesem Zeitpunkt bereits Reaktionen in Ihrer Umgebung festgestellt.

Um das innere Gleichgewicht zu halten, malen Sie nun als weiteren Schritt der Therapie das Balance-Mandala (Beschreibung liegt der Diagnose bei).

Die Antwort auf die Frage, warum diese Methode den ganzen Menschen anspricht, also universelle Wirkung zeigen kann ist, dass diese Siegel mit dem Seelenkern des Menschen in engster Verbindung stehen und damit in alle Bereiche des Lebens hinein wirken.

WOHLFÜHL-UND HEILUNGS-MANDALAS

Schnelle Hilfe im Alltag

Nun zu den einzelnen Wohlfühl- und Heilungs-Mandalas, die Sie nach den Farbmustern im Buch bei entsprechenden selbst erkannten Erkrankungen und Schwächen bzw. seelisch-psychischen Negativzuständen ausmalen, um wieder in einen harmonischen Zustand zu gelangen. (Bzw. bei ernsten Beschwerden oder Erkrankungen ist natürlich eine Diagnose durch den Arzt unumgänglich.)

Beachten Sie bitte dazu den Index mit den angeführten Krankheiten und den dazugehörenden Heilungs-Mandalas auf Seite 78.

> Suchen sie sich unter den neben jeder Krankheit angeführten Mandala-Nummern jenes aus, das Sie am meisten anspricht, entnehmen Sie dann die entsprechende Vorlage aus dem beigefügten Malblock und malen es mit den vorgegebenen Farben aus.

Bitte beachten Sie auch noch Folgendes, bevor Sie die Wirkungsweise der einzelnen Heilungs- und Wohlfühl-Mandalas durchlesen:

Machen Sie einen kleinen Test mit sich selber. Spüren Sie intuitiv, welches Mandala für Sie am besten geeignet ist. Lassen Sie die Farben und Formen auf sich wirken. Erfahren Sie mit Ihren Sinnen, welches Heilungs-Mandala Sie gerade benötigen. Und wenn Sie ganz sicher sind, dass Sie das oder die richtigen gefunden haben, dann können Sie den entsprechenden Text durchlesen. Sie werden verblüfft sein, wie groß die Übereinstimmung der Notwendigkeit mit Ihrer inneren Stimme, Ihrem inneren Gefühl ist.
Malen Sie bitte die Heilungs-Mandalas entsprechend den Vorlagen mit den entsprechenden Farben kräftig und flächendeckend aus und hängen Sie das Bild — nach getaner Arbeit — dort auf, wo Sie es am besten sehen (Wand, Tür, Bildschirm). Denn die Farb- und Formschwingungen werden so am ehesten in Ihrem Bewusstsein gespeichert, sodass eine wirkliche Veränderung bei Ihnen auch im realen Leben, nicht nur in der Phantasie und Einbildung, stattfinden kann.

Sie können auch die farbigen Heilungs- und Wohlfühl-Mandalas des Buches hernehmen, um darüber zu meditieren. Schauen Sie die Kreisbilder genau an. Lassen Sie die Farben und Formen auf sich wirken. Möglicherweise empfangen Sie Bilder, Eingebungen. Vielleicht hören Sie sogar Klänge. Es kann aber auch sein, dass Sie eine Abneigung gegen ein bestimmtes Mandala entwickeln. Das ist nur gut so. Ihre unbewussten Gefühle, Blockaden und Störungen wehren sich gegen eine heilende Veränderung. Diese so genannten Reaktionen werden nach einer Weile verschwinden und Ihr Wohlbefinden wird stetig zunehmen. Lassen Sie sich nicht stören von solchen Reaktionen. Sie sind nur ein Zeichen dafür, dass Sie auf dem richtigen Weg sind.

Eine gute Möglichkeit, diese Mandalas auf sich wirken zu lassen, ist, sie beim Schlafplatz sichtbar aufzustellen oder sonst an jedem anderen Platz, wo Sie sich bevorzugt aufhalten.

Wirkungsdauer und Reaktionen

Bei Krankheiten und eingefahrenen Denk- und Verhaltensmustern

Nach einer gewissen Zeit — das kann zwischen einer Woche und ein bis zwei Monaten dauern — werden Sie feststellen, dass gewisse Probleme aus Ihrem Leben verschwunden sind. Und das genau ist ja der Sinn und Zweck der Wohlfühl- und Heilungs-Mandalas.

Bei akuten Schmerzen

Wir konnten immer wieder feststellen, daß akute Schmerzen wie Kopf- oder Zahnschmerzen nach Einsatz des entsprechenden Heilungs-Mandalas oft bereits nach etwa 5 bis 10 Minuten vergingen. Es genügte meist sogar nur die Hand diese kurze Zeit lang auf dem lt. Index für diese Krankheit angegebenen Farb-Mandala im Buch zu belassen (oft war nicht einmal ein Augenkontakt mit dem Heilungs-Mandala nötig). Der Schmerz verschwand meist völlig.

So wirksam diese Mandalas als „Erste-Hilfe-Maßnahme“ auch einsetzbar sind, den möglicherweise nötigen Gang zum Zahnarzt können sie jedoch nicht ersetzen.

DIE HEILUNGS- UND WOHLFÜHL-MANDALAS
und ihr Einsatz für
Körper, Gefühl und Denken

Mandala 1

Körper: Probleme mit Kopf, Gesicht und Zähnen können hier Linderung erfahren Kopfschmerzen, Migräne, Augendruck, Schwindelgefühl, akute Zahnschmerzen, Gesichts-Neuralgien werden mit diesem Mandala behoben.
Gefühl: Es bringt Sie weg vom „Kopf“ und hin zum Gefühl und zum Herz..
Denken: Es wird Ihnen helfen, Stress und Kopflastigkeit, also übermäßiges Denken zu reduzieren.

Mandala 2

Körper: Dieses Mandala wirkt gegen Müdigkeit
Gefühl: Lustlosigkeit wird behoben
Denken: Dieses Mandala aktiviert sehr stark den Kopfbereich. Menschen, die Schwierigkeiten mit dem logischen Denken haben, werden hier Förderung und Hilfe erfahren. Es wirkt gegen Konzentrationsschwäche, stärkt auch den Willen.
Für Menschen, die als so genannte „Verströmende Flammen" bezeichnet werden können, die also nur ständig für andere da sind, ist dieses Mandala besonders wichtig.

Mandala 3

Gefühl, Denken: Dieses Mandala wirkt balancierend, sowohl Konzentration fördernd und beruhigend als auch Streß mildernd.

Mandala 4

Körper: Wirksam bei Halsentzündungen, Zahn-Kieferproblemen, Erkrankungen von Mandeln und Ohren.
Dieses Mandala hilft besonders bei hitzigen Krankheitsbildern, bei Entzündungen, grippalen Infekten, Angina, Mittelohrentzündung, Ohrenschmerzen.
Gefühl: Auf einer anderen Wirkungsebene ist das Mandala in der Lage Sturheit und Materialismus umzuwandeln. Besonders sogenannte „Ellenbogenmenschen“ sollten dieses Mandala anwenden, es fördert die Gutmütigkeit, und die Geduld.
Denken: Bei Menschen, die sehr materiell veranlagt sind und dies auch ändern wollen, beruhigt dieses Mandala die Wünsche und Sehnsüchte, etwas „unbedingt“ erlangen zu wollen. Nicht so sehr das Erlangen von Dingen ist das Problem, sondern die Emotionen und die Begierden machen die Schwierigkeiten. Diese negativen Emotionen binden den Menschen und verhindern, dass er in seiner Entwicklung fortschreitet.
Ein anderer Aspekt dieses Mandalas ist, auch im gesunden Maße genießen zu lernen.

Mandala 5

Gefühl, Denken: Dieses Mandala ist ein spirituelles Mandala. Ein Aspekt der Spiritualität ist Entsagung, das Loslassen von allem Besitz. Gemeint ist hier nicht das Asketendasein sondern die Befreiung von allem Konsumzwang.

Mandala 6

Körper: Dieses Mandala aktiviert die Mandeln, die Schilddrüse, die Schultern, den Hals, öffnet die Kehle, aktiviert das Kehl-Chakra. Es stärkt das Immunsystem, fördert das allgemeine körperliche Wohlbefinden.
Gefühl, Denken: Hier sehen wir die Fülle schlechthin: Reichtum, Glück, Wohlbefinden. „Der Mensch darf nehmen." Nicht nur Leistung ist wichtig und Arbeit, nein auch der Genuß und die Freude an den Früchten gehören zu einem erfüllten Leben.
Zum Genießenlernen, für Menschen, die nichts annehmen können, (z. B. die keine Geschenke annehmen können, immer alles bezahlen wollen). Hilft auch bei der Aktivierung von Willenskraft.

Mandala 7

Körper: Anzuwenden bei hitzigen Lungenerkrankungen, bei Bronchitis, Schulterverspannungen; nimmt die Last von den Schultern.
Gefühl: Wir leben ständig in Verbindung mit unserer Umgebung, anderen Menschen. Verschiedene Energien treffen uns; wie gehen wir damit um? Über unser Energiesystem, unsere Aura (unsere strahlende Energiehülle) und unsere Chakren (unsere Energiezentren) kommunizieren wir mit der Umgebung. Dieses Mandala hilft, die Umgebung ruhig und gelassen zu betrachten, keinen Stress zu entwickeln und einen ruhigen, gelassenen Umgang mit unserer Umgebung zu finden. Es hilft vor allem Menschen, die folgendermaßen charakterisiert werden können: menschenscheu, Blockiert im Umgang mit anderen, weltfremd, rastlos launisch.
Denken: Übermäßiges Denken, Kopflastigkeit, Übergenauigkeit wird ins rechte Lot gebracht.

Mandala 8

Körper: Dieses Mandala hilft bei Schwächezuständen der Schultern, Arme, Finger Hände, der Lunge und der Bronchien. Es fördert die bessere Durchblutung der Schulter- und Nackenmuskulatur, aktiviert die Thymusdrüse, stärkt das Immunsystem.
Gefühl: Wenn Sie zu zurückgezogen leben, zu wenig dynamisch im Umgang mit anderen Menschen sind, wird Ihnen dieses Mandala sehr helfen. Es ist dazu geeignet, das Hals-Chakra zu aktivieren, das auch verantwortlich ist für die Öffnung und Kommunikation mit der Umgebung.

Mandala 9

Körper: Dieses Mandala wird für Magen- und Leber eingesetzt, es hilft bei Galle-Stauungen und Atemproblemen.
Gefühl: Auf einer höheren Ebene wirkt es beruhigend, nimmt die Angst, löst Übersensibilität auf, harmonisiert auch bei Gefühlsstauungen wie Aggressionen.
Noch ein kurzes Wort zu Emotionen, die nicht aufgelöst werden: Diese „arbeiten" im Magen und greifen diesen an. Nicht umsonst sagt man: „Es liegt mir was im Magen."
Dieses Mandala könnte auch als Gefühls-Mandala bezeichnet werden. Es regt den Gefühlsfluss an, harmonisiert Aggressionen. Aber auch Gefühlskälte wird damit behoben. Es macht Traurige heiter und Überdrehte ruhiger.

Mandala 10

(Bitte zwischen Mandala 10 und 11 wählen, intuitiv spüren, zu welchen Farben man sich mehr hingezogen fühlt.)

Körper: Das Mandala hilft bei Problemen mit Herz Kreislauf, sollte allerdings nur verwendet werden, wenn der Blutdruck zu niedrig ist. Auch allgemeine Schwächezustände werden damit behoben.
Gefühl, Denken: Hier wird der Wille gestärkt, die Lebensfreude, die Aktivität, das Tun, die Herausforderung, das Leben voll und ganz anzunehmen. Der Drang zur Selbstverwirklichung wird angeregt. Es hilft Kraft zu entwickeln, fördert die Lebensbejahung. Man darf aus dem Vollen schöpfen.

Mandala 11

Bitte zwischen Mandala 10 und 11 wählen, intuitiv spüren, zu welchen Farben man sich mehr hingezogen fühlt.) Mandala 11 hat eine sanftere Wirkung als Mandala 10

Körper: Das Mandala hilft bei Problemen mit Herz Kreislauf, sollte allerdings nur verwendet werden, wenn der Blutdruck zu niedrig ist. Auch allgemeine Schwächezustände werden damit behoben.
Gefühl, Denken: Hier wird der Wille gestärkt, die Lebensfreude, die Aktivität, das Tun, die Herausforderung, das Leben voll und ganz anzunehmen. Der Drang zur Selbstverwirklichung wird angeregt. Es hilft Kraft zu entwickeln, fördert die Lebensbejahung. Man darf aus dem Vollen schöpfen.

Mandala 12

Körper: Hier wird wieder etwas gedämpft, nämlich der unersättliche Lebenshunger. Damit verbunden sind nämlich Gefahr von Herzinfarkt und Arterienverkalkung, zu hoher Blutdruck usw.

Gefühl, Denken: Dieses Mandala wirkt dem Übermaß an Eitelkeit, Stolz und Selbstüberschätzung entgegen. Es löst Egoismus auf, hilft die Maßlosigkeit, den übertriebenen, ungesunden Lebenshunger einzudämmen.

Mandala 13

Körper: Stärkt sämtliche Organe der Verdauung und Nahrungsaufnahme; hilft bei Stoffwechsel-Problemen, Verdauungsstörungen, Leber-Galle-Störungen.
Gefühl: Dieses Mandala zentriert den Menschen;
Denken: Es wird die Vernunft gefördert, Logik, Gründlichkeit, Genauigkeit. Dieses Mandala ist darüber hinaus förderlich für eine ausgewogene Ernährungsweise.

Mandala 14

Schwierigkeiten in allen Bereichen, die mit Stagnationen, mit Stauungen zusammenhängen, können hier behoben werden.

Körper: Im physischen Bereich ist dieses Mandala vor allem auch bei Stoffwechselerkrankungen und Verdauungsstörungen (Verstopfung) einsetzbar

Gefühl, Denken: Hier kommt ganz schön viel Bewegung ins Spiel. Wo hängt das Leben, wo bleibt es stecken?

Mandala 15

Körper: Hilfreich bei Problemen mit Hüfte, Niere, Blase, Haut
Gefühl: Harmonie und Ausgeglichenheit fördert dieses Mandala., ebenso den Sinn für Schönheit und Ausgeglichenheit.
Denken: Auch planendes, strategisches Denken wird gefördert.

Mandala 16

Schwerpunkt bei diesem Mandala liegt jedoch auf der Förderung des Seelisch-Geistigen.

Körper: Hilfreich bei Problemen mit Hüfte, Niere, Blase, Haut
Gefühl: Harmonie und Ausgeglichenheit fördert dieses Mandala., ebenso den Sinn für Schönheit und Ausgeglichenheit.
Denken: Auch planendes, strategisches Denken wird gefördert.

Mandala 17

(Bitte je nach Gefühl zwischen Mandala 17 und 18 wählen)

Körper: Dieses Mandala wirkt beruhigend auf Unterleib und Geschlechtsdrüsen.
Gefühl, Denken : Es fördert Hilfsbereitschaft und läßt die Besitzgier los.
Für uns Menschen ist es wichtig, dass wir unsere Emotionen und Triebe kontrollieren lernen. Wie gesagt: Nicht unterdrücken oder verdrängen, sondern anschauen, konfrontieren und bearbeiten sind wichtig. Dieses Mandala bewirkt nach Struktur und Farben, dass die emotionalen Triebe und Begierden nicht überhand nehmen. Es wirkt dämpfend auf Aggressionen und hilft mit, das Unbewusste zu klären und aufzuarbeiten.

Mandala 18

Dieses Mandala wirkt intensiver als Mandala 17.

Körper: Dieses Mandala wirkt beruhigend auf Unterleib und Geschlechtsdrüsen.
Gefühl, Denken: Es fördert Hilfsbereitschaft und läßt die Besitzgier los.
Für uns Menschen ist es wichtig, dass wir unsere Emotionen und Triebe kontrollieren lernen. Wie gesagt: Nicht unterdrücken oder verdrängen, sondern anschauen, konfrontieren und bearbeiten sind wichtig. Dieses Mandala bewirkt nach Struktur und Farben, dass die emotionalen Triebe und Begierden nicht überhand nehmen. Es wirkt dämpfend auf Aggressionen und hilft mit, das Unbewusste zu klären und aufzuarbeiten.

Mandala 19

Bitte nach dem eigenen Gefühl wählen zwischen Mandala 19 und 20)

Körper: Wirkt aktivierend auf Unterleib und Geschlechtsdrüsen.
Gefühl, Denken: Hier finden wir das Gegenteil der Mandalas 17 und 18: Eine Aktivierung des menschlichen Urpotentials ist hier das Ziel. Dieses Mandala ist für all jene Menschen richtig, die glauben, dass ihre Sexualkraft zu schwach oder ungenügend ausgebildet ist. Es hilft auch, das unendlich große Potential, welches im Wurzel-Chakra gespeichert ist, zu erwecken.

Mandala 20

Wirkung wie Mandala 19 nur eben stärker

Körper: Wirkt aktivierend auf Unterleib und Geschlechtsdrüsen.
Gefühl, Denken: Hier finden wir das Gegenteil der Mandalas 17 und 18: Eine Aktivierung des menschlichen Urpotentials ist hier das Ziel. Dieses Mandala ist für all jene Menschen richtig, die glauben, dass ihre Sexualkraft zu schwach oder ungenügend ausgebildet ist. Es hilft auch, das unendlich große Potential, welches im Wurzel-Chakra gespeichert ist, zu erwecken.
Fördert die Entwicklung der Kundalini-Kraft

Mandala 21

Heilung auf allen Ebenen.
Körper: Im körperlicher Bereich wirkt dieses Mandala besonders auf Oberschenkel und Venen, Leber
Gefühl, Denken: Andererseits steht dieses Mandala auch für des Lebens Sinn und hilft bei der Verwirklichung verschiedener Aspekte: Aktivierung der Freude, Energieüberfluß, Selbstverwirklichung, Kraft. Auch Intelligenz, Vernunft und Wissen wird hier gefördert sowie das Gefühl, die Balance und das Einfühlungsvermöge;, zusätzlich Spiritualität und innere Meisterschaft, Intuition und geistiges Wissen.

Mandala 22

(Bitte wählen Sie nach Ihrem Gefühl unter den Mandalas 22 - 25)

Körper: Diese Mandalas stärken die Knochen, Wirbelsäule, Sehnen und Gelenke, die das tragende Gerüst unseres Körpers sind. Bei Rückenschmerzen im Lendenwirbel-Bereich aufgrund von Schwäche, bei Bandscheiben-Problemen, Arthrosen der Gelenke intuitiv zwischen den Mandalas 22 bis 25 wählen)
Gefühl, Denken: Sie stärken die Willenskraft, Gewissenhaftigkeit, Organisation, Beständigkeit, praktisches Wissen, Vertrauen in die eigene Kraft, mit beiden Beinen im Leben stehen;
Sie Harmonisieren gleichzeitig auch Melancholie und wirken positiv auf Überorganisation (Pingeligkeit, Penibilität).

Mandala 23

(Bitte wählen Sie nach Ihrem Gefühl unter den Mandalas 22 - 25)

Körper: Diese Mandalas stärken die Knochen, Wirbelsäule und Gelenke, die das tragende Gerüst unseres Körpers sind. Bei Rückenschmerzen im Lendenwirbel-Bereich aufgrund von Schwäche, bei Bandscheiben-Problemen, Arthrosen der Gelenke intuitiv zwischen den Mandalas 22 bis 25 wählen)
Gefühl, Denken: Sie stärken die Willenskraft, Gewissenhaftigkeit, Organisation, Beständigkeit, praktisches Wissen, Vertrauen in die eigene Kraft, mit beiden Beinen im Leben stehen;
Sie Harmonisieren gleichzeitig auch Melancholie und wirken positiv auf Überorganisation (Pingeligkeit, Penibilität).

Mandala 24

(Bitte wählen Sie nach Ihrem Gefühl unter den Mandalas 22 - 25)

Körper: Diese Mandalas stärken die Knochen, Wirbelsäule und Gelenke, die das tragende Gerüst unseres Körpers sind. Bei Rückenschmerzen im Lendenwirbel-Bereich aufgrund von Schwäche, bei Bandscheiben-Problemen, Arthrosen der Gelenke intuitiv zwischen den Mandalas 22 bis 25 wählen)
Gefühl, Denken: Sie stärken die Willenskraft, Gewissenhaftigkeit, Organisation, Beständigkeit, praktisches Wissen, Vertrauen in die eigene Kraft, mit beiden Beinen im Leben stehen;
Sie Harmonisieren gleichzeitig auch Melancholie und wirken positiv auf Überorganisation (Pingeligkeit, Penibilität).

Mandala 25

(Bitte wählen Sie nach Ihrem Gefühl unter den Mandalas 22 - 25)

Körper: Diese Mandalas stärken die Knochen, Wirbelsäule und Gelenke, die das tragende Gerüst unseres Körpers sind. Bei Rückenschmerzen im Lendenwirbel-Bereich aufgrund von Schwäche, bei Bandscheiben-Problemen, Arthrosen der Gelenke intuitiv zwischen den Mandalas 22 bis 25 wählen)
Gefühl, Denken: Sie stärken die Willenskraft, Gewissenhaftigkeit, Organisation, Beständigkeit, praktisches Wissen, Vertrauen in die eigene Kraft, mit beiden Beinen im Leben stehen;
Sie Harmonisieren gleichzeitig auch Melancholie und wirken positiv auf Überorganisation (Pingeligkeit, Penibilität).

Mandala 26

(Bitte das Zentrum weiß ausmalen)

Körper: Wirkt auf Unterschenkeln und Venen
Gefühl, Denken: Dieses Mandala gehört zu den spirituellen Mandalas.
„Du bist wichtig“, heißt: Der andere Mensch im Besonderen wird hier gefördert. Förderung von Offenheit, Toleranz, Hingabe an den anderen, Kommunikation sind die hauptsächlichen heilenden Eigenschaften dieses Mandalas.
Für Menschen, die sehr scheu sind, wenig Kontakt zu anderen Menschen haben oder auf andere Weise blockiert sind, im Umgang mit Menschen. Wirkt heilend bei Depressionen. Wenn das dunkle Loch scheinbar so groß wird, dass man nicht mehr aus eigener Kraft heraus klettern kann und wenn kein Mensch einen zu mögen scheint.

Mandala 27

(Das Zentrum bitte weiß ausmalen)

Körper: Hilfreich bei Fußproblemen (intuitiv zwischen Nr. 27 - 30 wählen)
Gefühl, Denken: Hier steht die innere Meisterschaft im Mittelpunkt, Spiritualität, Klarheit, Disziplin, das Potential der Liebe und des Mitgefühls wartet geweckt zu werden.

Mandala 28

(Zentrum bitte weiß ausmalen)

Körper: Hilfreich bei Fußproblemen (intuitiv zwischen Nr. 27 - 30 wählen)
Gefühl, Denken: Gefühlsentfaltung
Dieses Mandala hilft bei tief verschütteten seelischen Verletzungen und hilft in Liebe und Verständnis umzuwandeln

Mandala 29

(Zentrum bitte weiß ausmalen)

Körper: Hilfreich bei Fußproblemen (intuitiv zwischen Nr. 27 - 30 wählen)
Gefühl, Denken: Hier steht die Entwicklung der universellen Liebe im Vordergrund. Selbstloses Dienen, Hingabe ans Göttliche, Hilfsbereitschaft und Entwicklung der Demut.

Mandala 30

(Zentrum bitte weiß ausmalen)

Körper: Hilfreich bei Fußproblemen (intuitiv zwischen Nr. 27 - 30 wählen)
Gefühl, Denken: Entwicklung der Offenheit, der Weite, der Kommunikationsfähigkeit aber auch des Gerechtigkeitssinnes; hilft den Dingen auf den Grund zu gehen.

Aktivierungsmandala 1

(Bitte wählen Sie nach Gefühl zwischen Aktivierungsmandala 1 und 2)

Hier kommt es zur Aktivierung auf allen Ebenen, sei es jetzt im Gefühlsleben oder im Denken, im Spirituellen genauso wie im Körperlichen.
Körper: Hebt den niedrigen Blutdruck, wirkt Antriebslosigkeit entgegen, fördert die Blutzirkulation im Nacken-Schulter-Bereich, fördert den Stoffwechsel und die Ausscheidung.
Denken: Aktiviert Denkprozesse
Gefühl: bei Depressionen, Schwächezuständen

Aktivierungsmandala 2

(Bitte wählen Sie nach Gefühl zwischen Aktivierungsmandala 1 und 2)

Hier kommt es zur Aktivierung auf allen Ebenen, sei es jetzt im Gefühlsleben oder im Denken, im Spirituellen genauso wie im Körperlichen.
Körper: Hebt den niedrigen Blutdruck, wirkt Antriebslosigkeit entgegen, fördert die Blutzirkulation im Nacken-Schulter-Bereich, fördert den Stoffwechsel und die Ausscheidung.
Denken: Aktiviert Denkprozesse
Gefühl: bei Depressionen, Schwächezuständen

Gefühlsmandala 1

(Bitte wählen Sie zwischen Gefühls-Mandala 1 und 2)

Gefühl: Man braucht hier nicht viel dazu zu sagen. Dieses Mandala harmonisiert die Gefühle.
Lassen Sie sich hinein fallen in die Welt der Gefühle.
Harmonie, Frieden, Öffnung für die schönen Dinge des Lebens finden hier ihre Offenbarung, Öffnung für die geistige Welt genauso wie das Suchen und Streben nach innerer Zufriedenheit.

Gefühls-Mandala 2

(Bitte wählen Sie zwischen Gefühls-Mandala 1 und 2)

Gefühl: Dieses Mandala harmonisiert die Gefühle.
Lassen Sie sich hinein fallen in die Welt der Gefühle.
Harmonie, Frieden, Öffnung für die schönen Dinge des Lebens finden hier ihre Offenbarung, Öffnung für die geistige Welt genauso wie das Suchen und Streben nach innerer Zufriedenheit.

Willens-Mandala 1

(Bitte wählen Sie zwischen Willens-Mandala 1, 2 und 3 nach Ihrem Empfinden aus)

Denken, Gefühl: Hier finden Sie die Potenzierung von Willenskraft, Dynamik und Durchsetzungsvermögen auf allen Ebenen der Existenz vereint. Versenken Sie sich einen Augenblick in das Mandala, und Sie können spüren, wie die Kraft zwischen Ihren Augenbrauen, beim so genannten dritten Auge, zunimmt.
Körper: Gleichzeitig können Sie eine Erfrischung am ganzen Körper spüren.

Willens-Mandala 2

(Bitte wählen Sie zwischen Willens-Mandala 1, 2 und 3 nach Ihrem Empfinden aus)

Denken, Gefühl: Hier finden Sie die Potenzierung von Willenskraft, Dynamik und Durchsetzungsvermögen auf allen Ebenen der Existenz vereint. Versenken Sie sich einen Augenblick in das Mandala, und Sie können spüren, wie die Kraft zwischen Ihren Augenbrauen, beim so genannten dritten Auge, zunimmt.
Körper: Gleichzeitig können Sie eine Erfrischung am ganzen Körper spüren.

Willens-Mandala 3

(Bitte wählen Sie zwischen Willens-Mandala 1, 2 und 3 nach Ihrem Empfinden aus)

Denken, Gefühl: Hier finden Sie die Potenzierung von Willenskraft, Dynamik und Durchsetzungsvermögen auf allen Ebenen der Existenz vereint. Versenken Sie sich einen Augenblick in das Mandala, und Sie können spüren, wie die Kraft zwischen Ihren Augenbrauen, beim so genannten dritten Auge, zunimmt.
Körper: Gleichzeitig können Sie eine Erfrischung am ganzen Körper spüren.

Intuitions-Mandala 1

(Bitte wählen Sie nach Ihrem Empfinden zwischen Intuitions-Mandala 1-3 aus.)
Weiße Felder bitte unbedingt mit weißem Farbstift ausmalen

Gefühl: Diese Mandalas wirken harmonisierend und heilend auf das Unterbewusstsein. Was ist der Lebensweg des Einzelnen? Welcher ist der richtige Weg? Welche Entscheidungen soll man treffen?
Diese Frage kann nur jeder Einzelne für sich beantworten. Und doch ist die Antwort darauf so schwer. Warum? Weil in den meisten Fällen die Intuition blockiert und die innere Stimme verschüttet ist. Wenn die Menschen wieder auf ihr inneres Gleichgewicht hören würden, gäbe es nicht so viele Probleme auf der Welt. Jeder würde wissen was zu tun ist.
Dieses Mandala wird Ihnen helfen, wieder mehr auf Ihre innere Eingebung zu hören und somit sind Sie automatisch auf dem richtigen Weg.
Die Maximierung der inneren Kräfte ist das Hauptthema. Intuition, Feingefühl bis hin zu den geistigen Fähigkeiten der Hellsichtigkeit können dabei entwickelt werden.

Intuitions-Mandala 2

(Bitte wählen Sie nach Ihrem Empfinden zwischen Intuitions-Mandala 1-3 aus.)
Weiße Felder bitte unbedingt mit weißem Farbstift ausmalen

Gefühl: Diese Mandalas wirken harmonisierend und heilend auf das Unterbewusstsein. Was ist der Lebensweg des Einzelnen? Welcher ist der richtige Weg? Welche Entscheidungen soll man treffen?
Diese Frage kann nur jeder Einzelne für sich beantworten. Und doch ist die Antwort darauf so schwer. Warum? Weil in den meisten Fällen die Intuition blockiert und die innere Stimme verschüttet ist. Wenn die Menschen wieder auf ihr inneres Gleichgewicht hören würden, gäbe es nicht so viele Probleme auf der Welt. Jeder würde wissen was zu tun ist.
Dieses Mandala wird Ihnen helfen, wieder mehr auf Ihre innere Eingebung zu hören und somit sind Sie automatisch auf dem richtigen Weg.
Die Maximierung der inneren Kräfte ist das Hauptthema. Intuition, Feingefühl bis hin zu den geistigen Fähigkeiten der Hellsichtigkeit können dabei entwickelt werden.

Intuitions-Mandala 3

(Bitte wählen Sie nach Ihrem Empfinden zwischen Intuitions-Mandala 1-3 aus.)
Weiße Felder bitte unbedingt mit weißem Farbstift ausmalen

Gefühl: Diese Mandalas wirken harmonisierend und heilend auf das Unterbewusstsein. Was ist der Lebensweg des Einzelnen? Welcher ist der richtige Weg? Welche Entscheidungen soll man treffen?
Diese Frage kann nur jeder Einzelne für sich beantworten. Und doch ist die Antwort darauf so schwer. Warum? Weil in den meisten Fällen die Intuition blockiert und die innere Stimme verschüttet ist. Wenn die Menschen wieder auf ihr inneres Gleichgewicht hören würden, gäbe es nicht so viele Probleme auf der Welt. Jeder würde wissen was zu tun ist.
Dieses Mandala wird Ihnen helfen, wieder mehr auf Ihre innere Eingebung zu hören und somit sind Sie automatisch auf dem richtigen Weg.
Die Maximierung der inneren Kräfte ist das Hauptthema. Intuition, Feingefühl bis hin zu den geistigen Fähigkeiten der Hellsichtigkeit können dabei entwickelt werden.

INDEX

Nach Krankheiten bzw. Negativzuständen

Tipp:
Die Wirkung der einzeln hier angeführten Mandalas verstärken sich in Verbindung mit dem eigenen, individuellen Therapie-Mandala zur Potenz.

Dieses Mandala-System kann und soll auch bei schweren Erkrankungen zusätzlich und ergänzend zu den herkömmlichen Behandlung-Methoden eingesetzt werden. Es unterstützt jede Therapie durch seine Wirkung auf die ursächlichen, der Krankheit zugrunde liegenden Blockaden und Verhaltensmuster. Auf diese Weise wird ein nachhaltiger Heilungsprozess auf allen Ebenen unterstützt.

Hinweise:
Die Anwendung dieses Mandala-Systems ersetzt bei medizinischer Notwendigkeit nicht die Behandlung durch Ihren Arzt oder Therapeuten. Bei anhaltenden psychischen oder körperlichen Problemen, zögern Sie bitte nicht, diese von Ihrem Arzt abklären zu lassen.

Dieses Diagnose-System ist dazu geeignet, den Ursachen auf den Grund zu gehen. Es läßt sich ebenfalls hervorragend zur Diagnose-Absicherung einsetzen.

Die Mandala-Therapie hilft dem Ratsuchenden, die ursächlichen Probleme an der Wurzel zu lösen.
So kann es unterstützend, in Verbindung mit allen anderen Therapien angewendet werden und läßt — da die Ursachen im Denken, in den Gefühlen, in der Einstellung des Menschen aufgelöst werden — eine dauerhafte und anhaltende positiveWirkung erwarten.

Im Anschluss finden Sie einen Index von Krankheiten uns seelischen Negativzuständen mit Verweis auf die zu den jeweiligen Problemen hilfreichen Mandalas. Falls mehrere Mandalas angeführt sind, wählen Sie bitte jenes unter den Farbmustern aus, das Ihnen gefühlsmäßig am ehesten zusagt. Dies wird genau das richtige sein und Ihnen bei Ihrer Problembewältigung entscheidend weiterhelfen.

INDEX - KRANKHEITEN

Die angegebenen Nummern sind die Nummern der bei den entsprechenden Problemen wirksamen Mandalas

Akt = Aktivierungsmandala, Wil = Willensmandala, Int = Intuitionsmandala, Gef = Gefühlsmandala

INDEX - SEELISCH-PSYCHISCHE ZUSTÄNDE

Die angegebenen Nummern sind die Nummern der bei den entsprechenden Problemen wirksamen Mandalas

Akt = Aktivierungsmandala, Wil = Willensmandala, Int = Intuitionsmandala, Gef = Gefühlsmandala

Hinweis:
Zum Ausmalen des Diagnose-Mandalas.
Verwenden Sie bitte ausschließlich die **Farben lt. Farbmusterstreifen auf der Buchrückseite**.
Achten Sie bitte auf annähernd gleiche Farbwerte, da Zwischenfarben von der Auswertung ausgeschlossen sind. **Blatt beim Einsenden bitte nicht falten! (A4 Kuvert verwenden)**
Vergessen Sie bitte nicht Ihre Bestelldaten im Kästchen unterhalb des Diagnose-Mandalas in Blockschrift bzw. Maschinschrift einzutragen, bevor Sie das Mandala einsenden.

Bestell- und Bezugsbedingungen:
Kosten pro Auswertung:
ÖS 450,- / DM 65,- / SFr 65,- / € 32,7 incl. MWSt. und Porto
Zahlungsweise: mit Erlagschein innerhalb 14 Tagen netto.

Die Diagnose wird für jede Person individuell ausgewertet. Bestellungen sind deshalb verbindlich und ein Rückgaberecht kann aus diesem Grund nicht eingeräumt werden.

Einsenden bitte an den Metatron-Verlag, Pf. 38, A-4863 Seewalchen

Es kann aufgrund vermehrter Nachfrage zu kurzen Verzögerungen kommen. Wir werden uns jedoch bemühen, die Auswertungen rasch abzuwickeln.

Diagnose-Mandala zum Einsenden

Ich bestelle eine Mandala-Diagnose zum Preis von ÖS 450,- / DM 65,- / € 32,70

Ich habe den Hinweis von Seite 82 gelesen und bin mit den Bestell- und Bezugsbedingungen einverstanden.

Vorname / Name: ....

Straße: .... PLZ / Ort / Land: ....

Telefonnummer für Rückfragen: .... Geburtsdatum: ....

Datum: .... Unterschrift: ....

Einsenden bitte an den METATRON - Verlag, Pf. 38, A- 4863 Seewalchen

Diagnose-Mandala zum Einsenden

Ich bestelle eine Mandala-Diagnose zum Preis von ÖS 450,- / DM 65,- / € 32,70

Ich habe den Hinweis von Seite 82 gelesen und bin mit den Bestell- und Bezugsbedingungen einverstanden.

Vorname / Name: ....

Straße: .... PLZ / Ort / Land: ....

Telefonnummer für Rückfragen: .... Geburtsdatum: ....

Datum: .... Unterschrift: ....

Einsenden bitte an den METATRON - Verlag, Pf. 38, A- 4863 Seewalchen

Ich bestelle eine Mandala-Diagnose zum Preis von ÖS 450,- / DM 65,- / € 32,70

Ich habe den Hinweis von Seite 82 gelesen und bin mit den Bestell- und Bezugsbedingungen einverstanden.

Vorname / Name: ....

Straße: .... PLZ / Ort / Land: ....

Telefonnummer für Rückfragen: .... Geburtsdatum: ....

Datum: .... Unterschrift: ....

Einsenden bitte an den METATRON - Verlag, Pf. 38, A- 4863 Seewalchen

Vorlage für Mandala 1-3

Vorlage für Mandala 1-3

Vorlage für Mandala 1-3

Vorlage für Mandala 1-3

Vorlage für Mandala 1-3

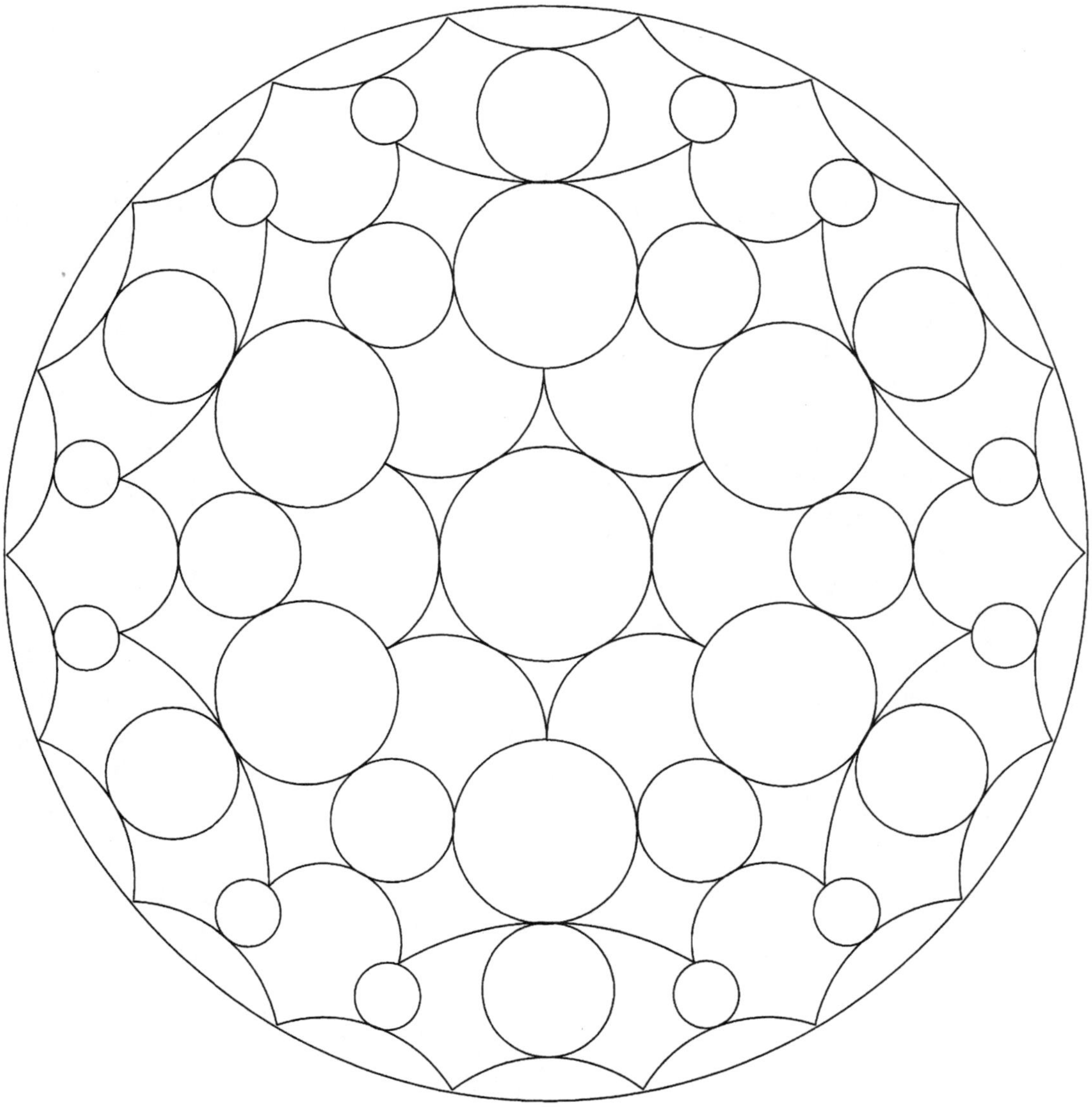

Vorlage für Mandala 4 - 6

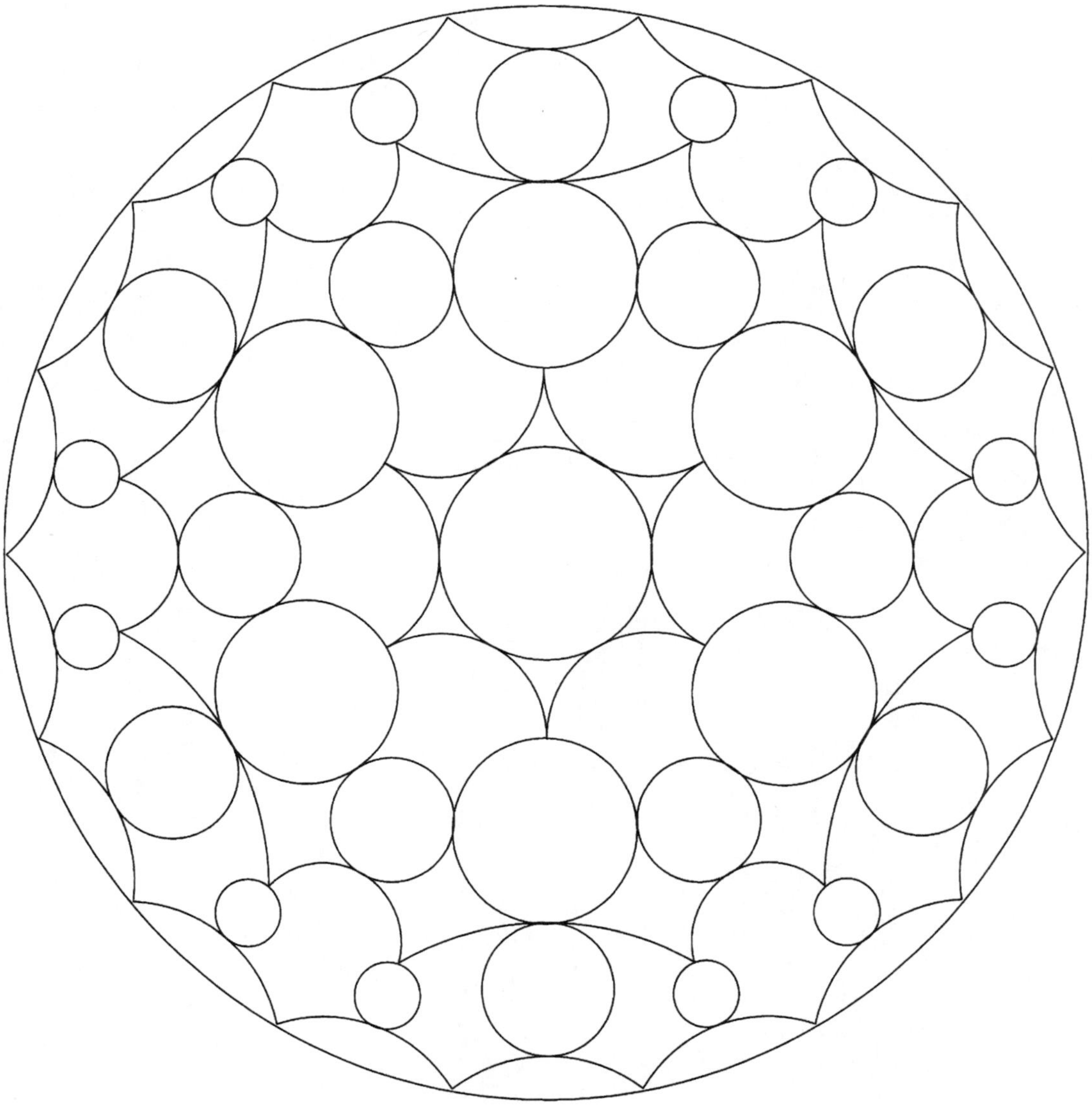

Vorlage für Mandala 4 - 6

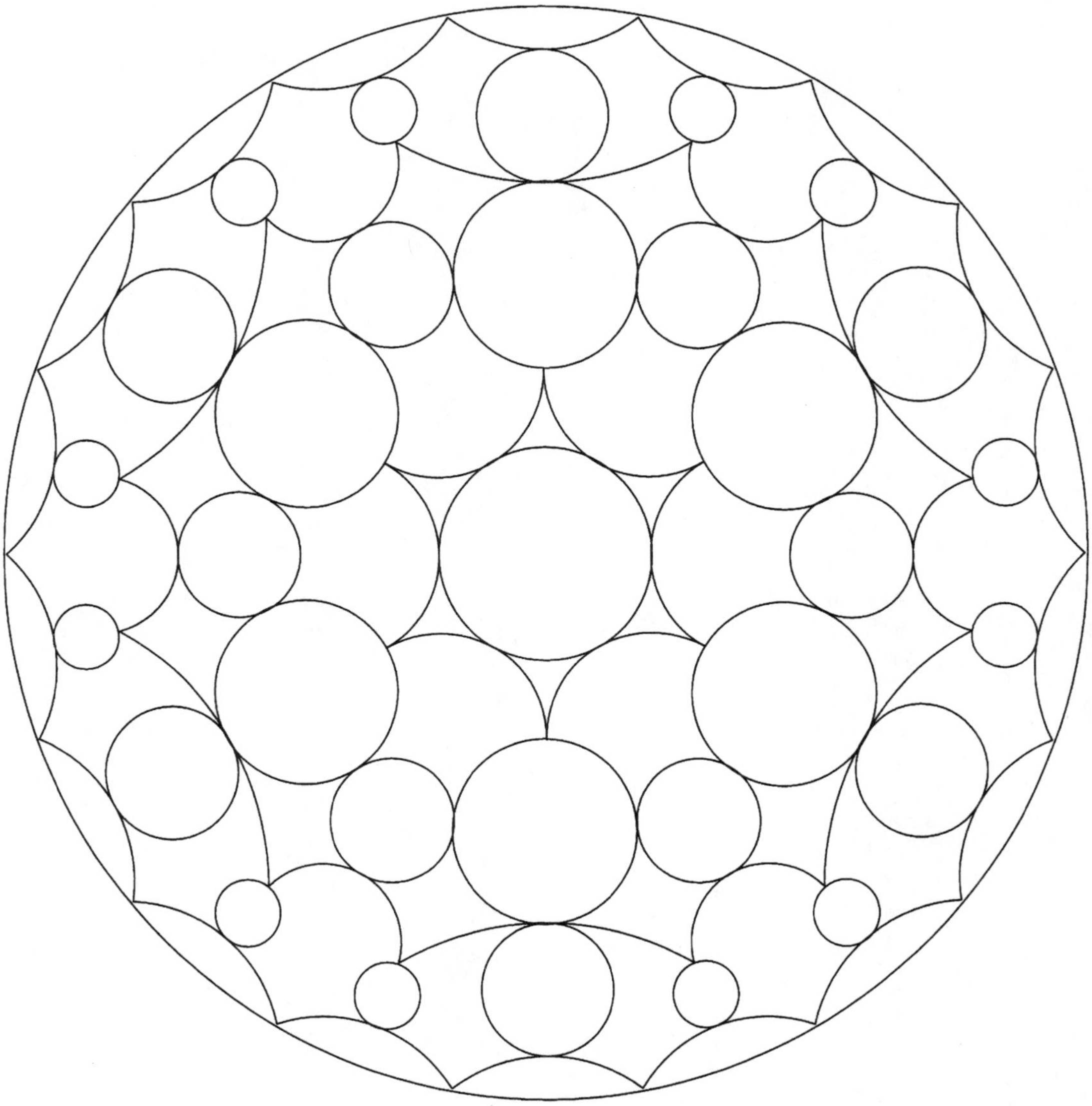

Vorlage für Mandala 4 - 6

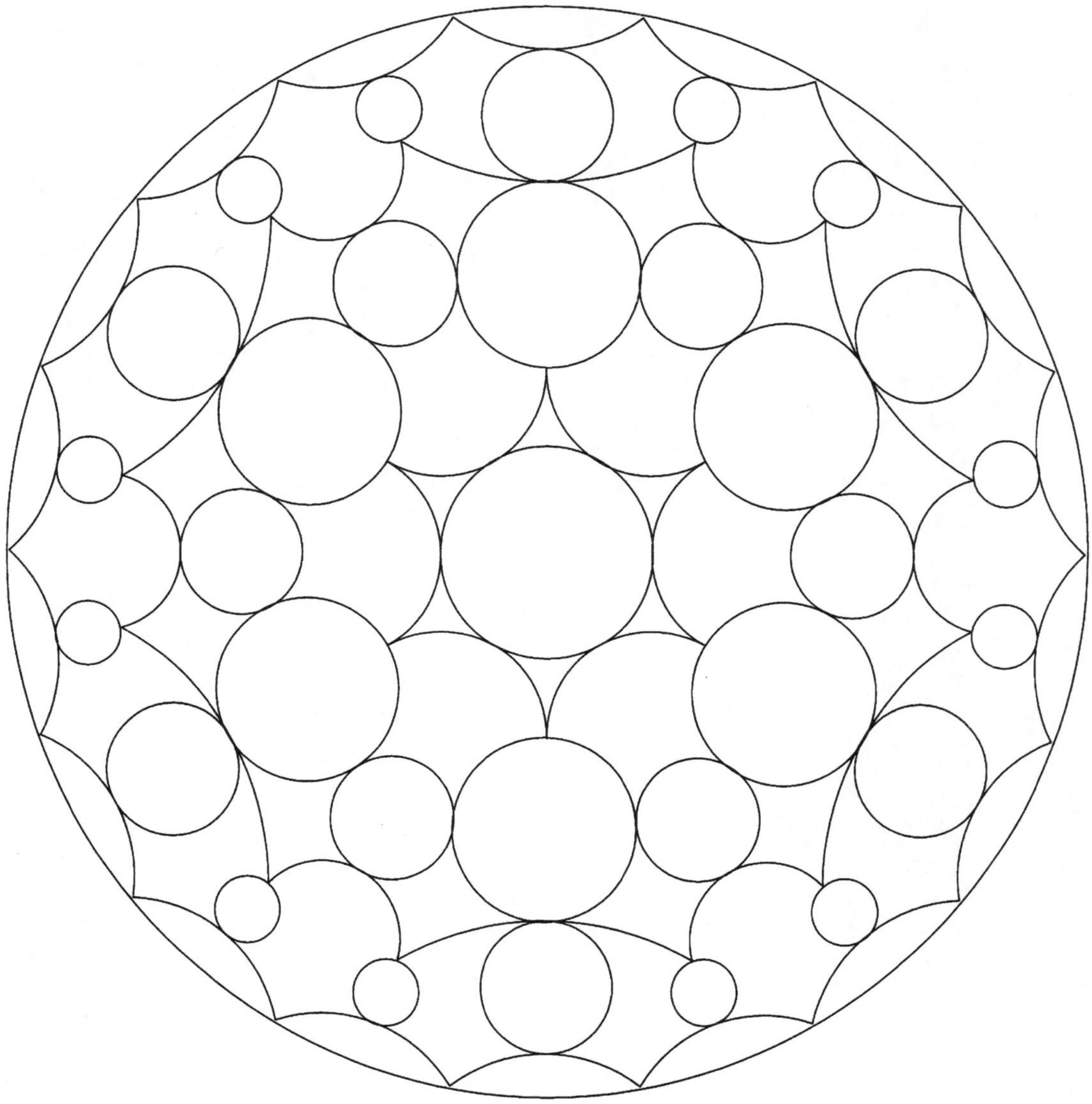

Vorlage für Mandala 4 - 6

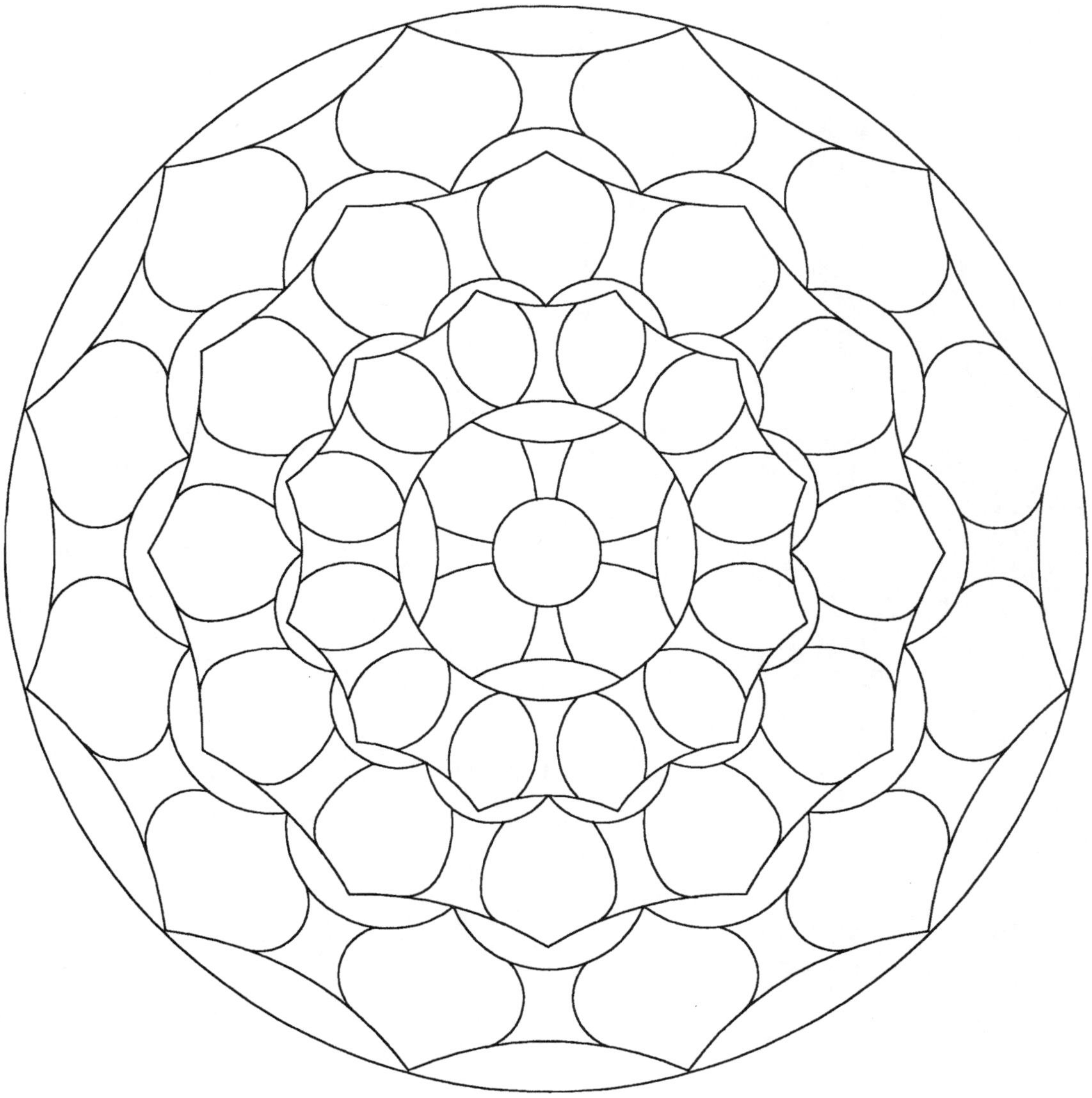

Vorlage für Mandala 7 - 8

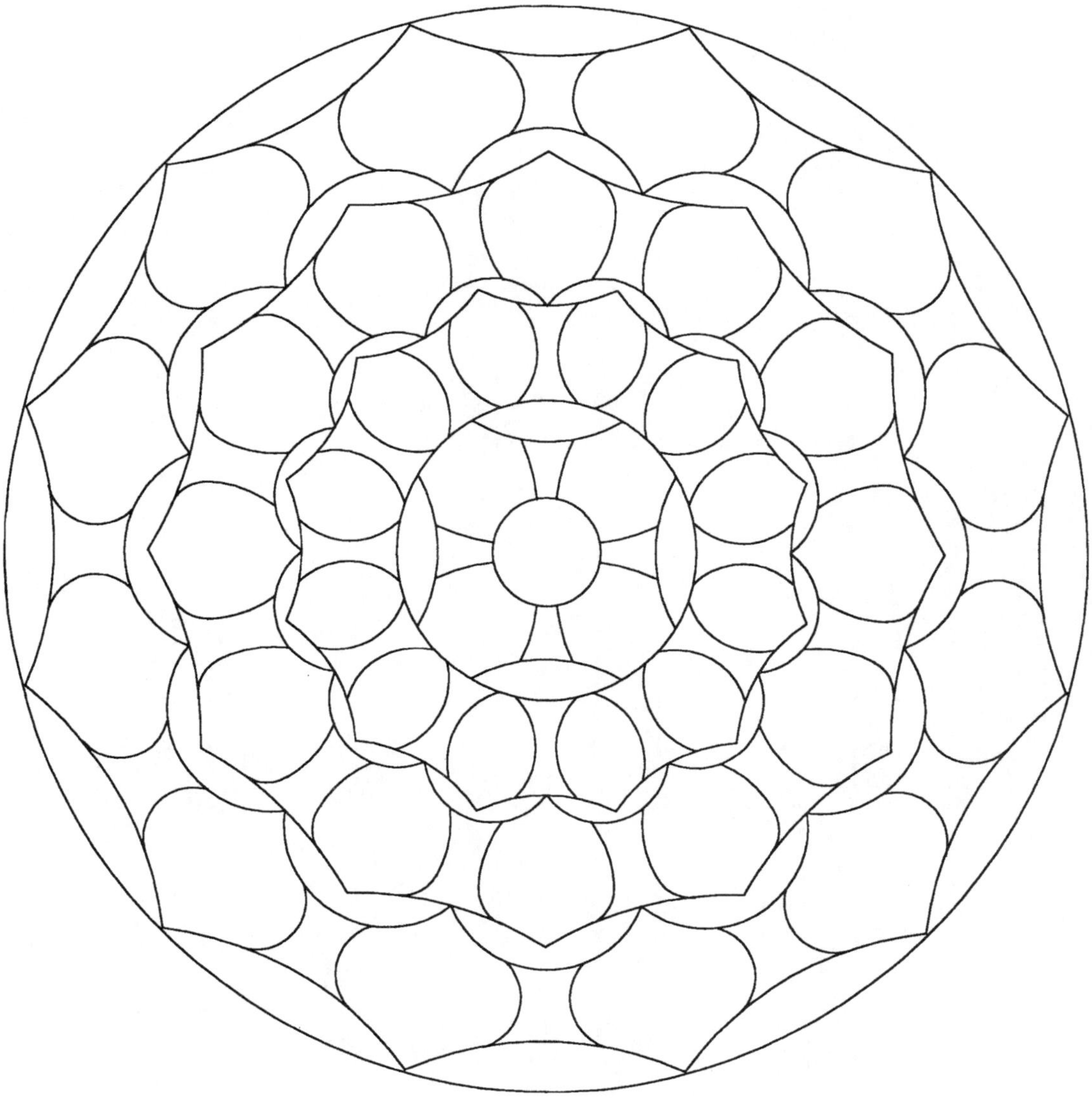

Vorlage für Mandala 7 - 8

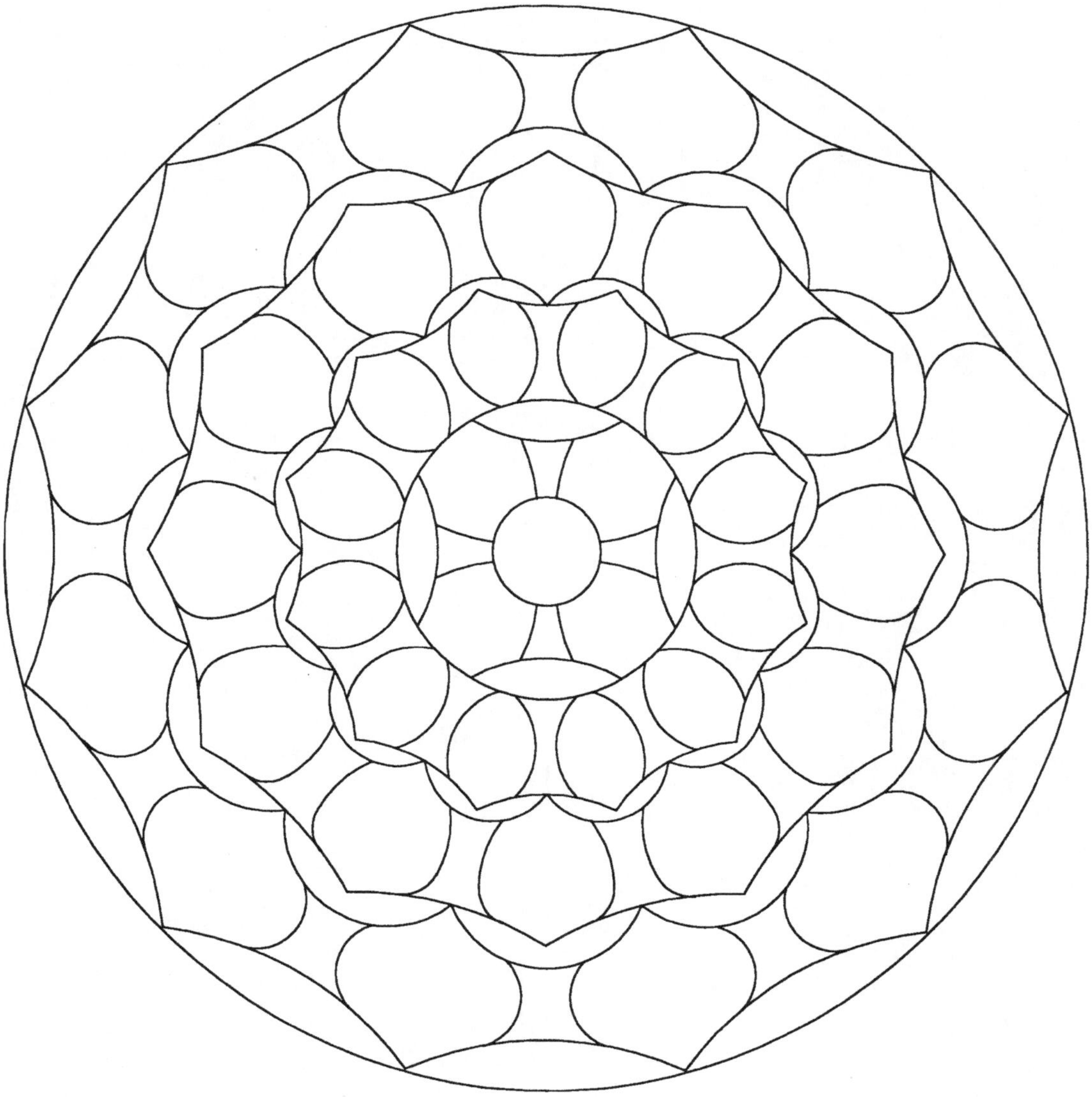

Vorlage für Mandala 7 - 8

Vorlage für Mandala 9

Vorlage für Mandala 9

Vorlage für Mandala 9

Vorlage für Mandala 10 - 12

Vorlage für Mandala 10 - 12

Vorlage für Mandala 10 - 12

Vorlage für Mandala 10 - 12

Vorlage für Mandala 13 - 14

Vorlage für Mandala 13 - 14

Vorlage für Mandala 13 - 14

Vorlage für Mandala 13 - 14

Vorlage für Mandala 15 - 16

Vorlage für Mandala 15 - 16

Vorlage für Mandala 15 - 16

Vorlage für Mandala 17 - 20

Vorlage für Mandala 17 - 20

Vorlage für Mandala 17 - 20

Vorlage für Mandala 17 - 20

Vorlage für Mandala 17 - 20

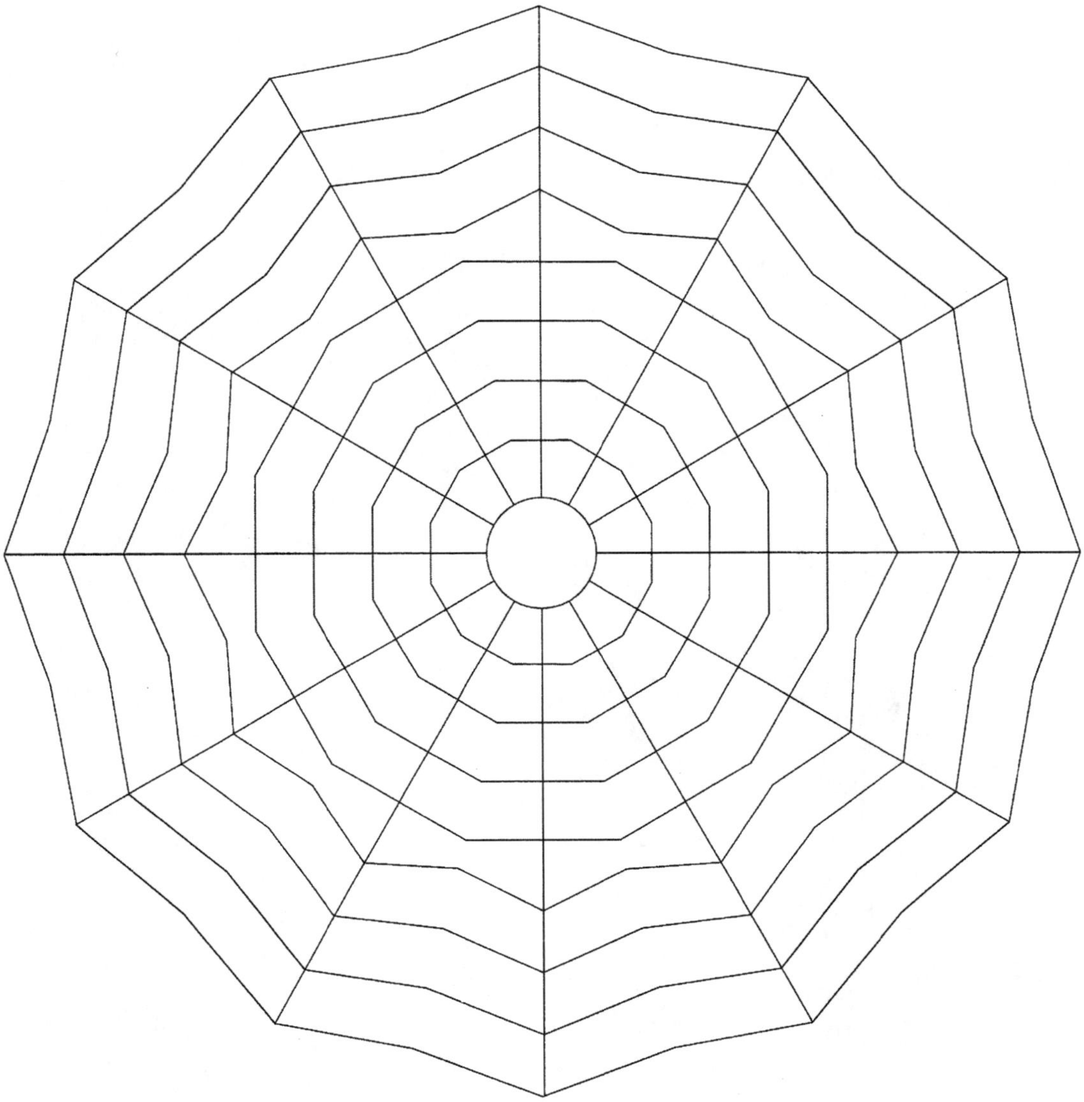

Vorlage für Mandala 21

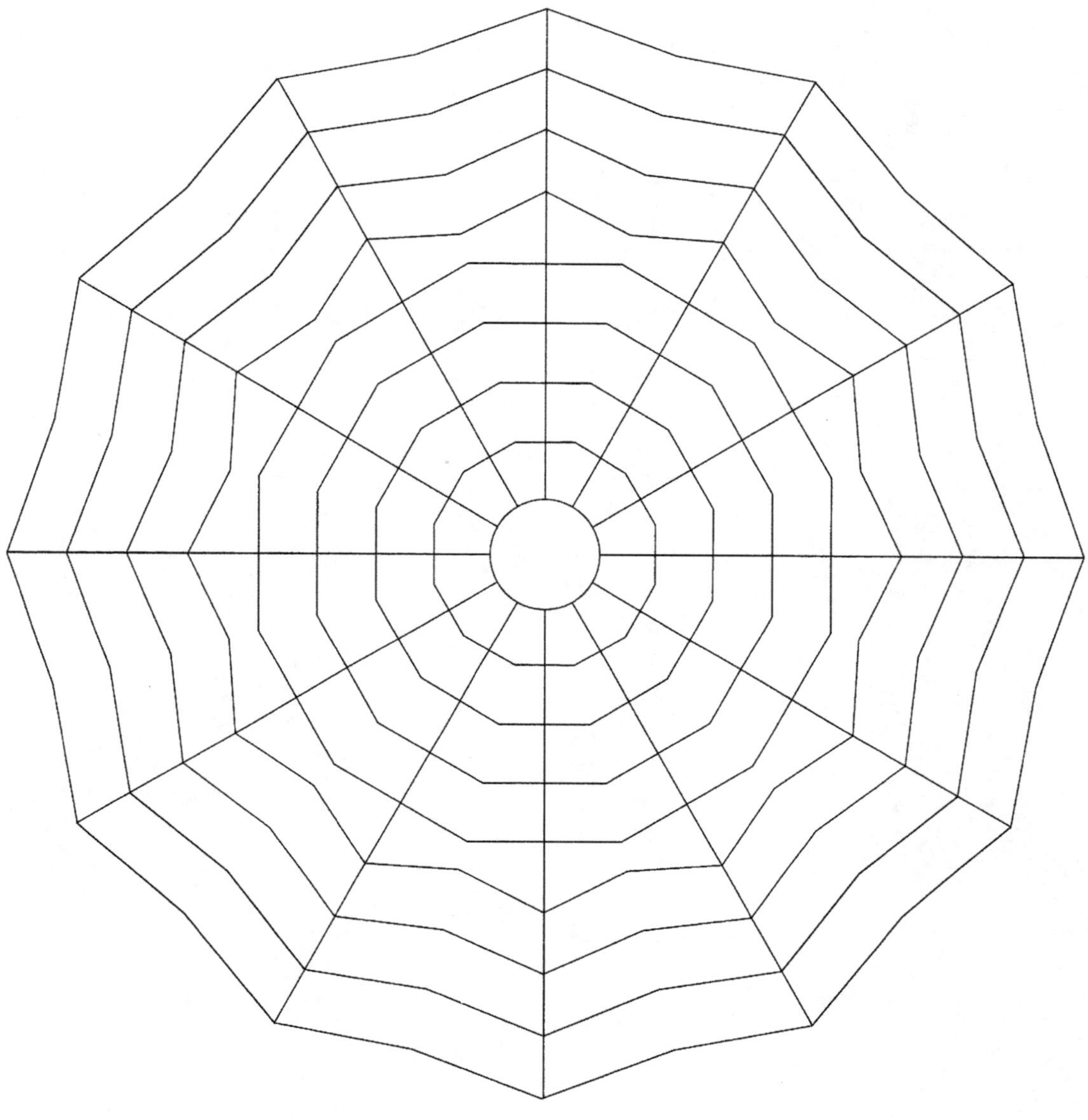

Vorlage für Mandala 21

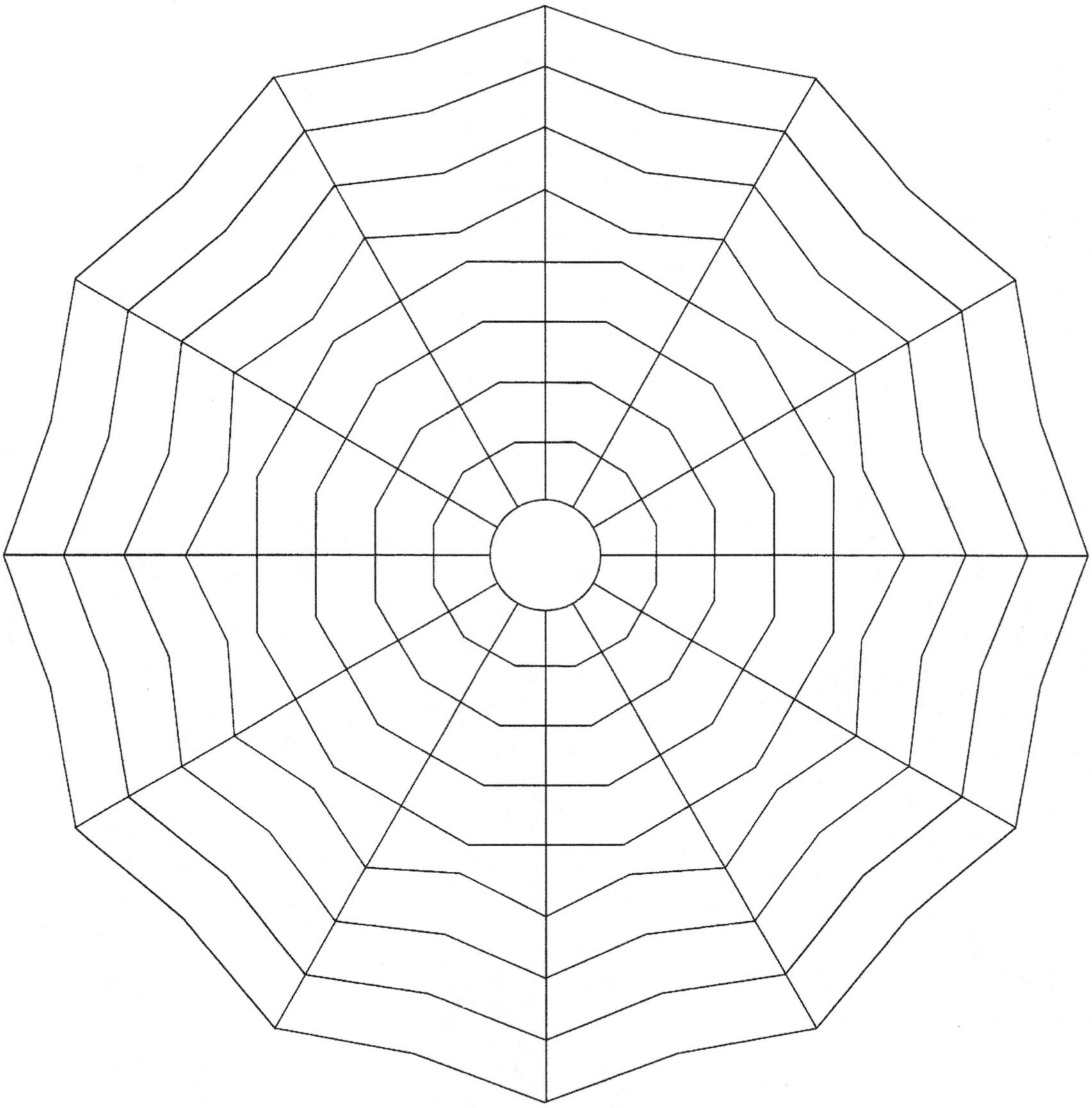

Vorlage für Mandala 21

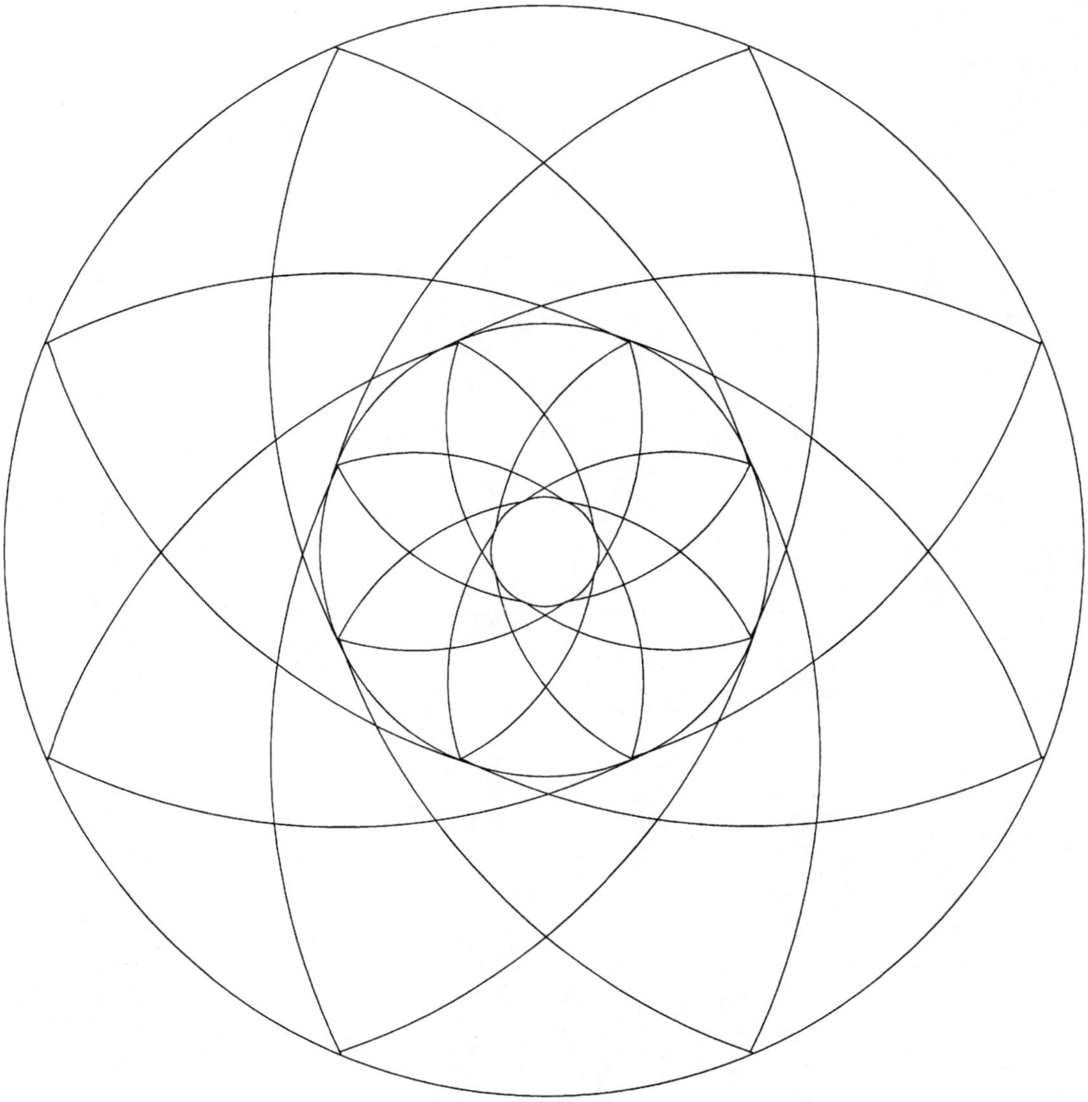

Vorlage für Mandala 22 - 25

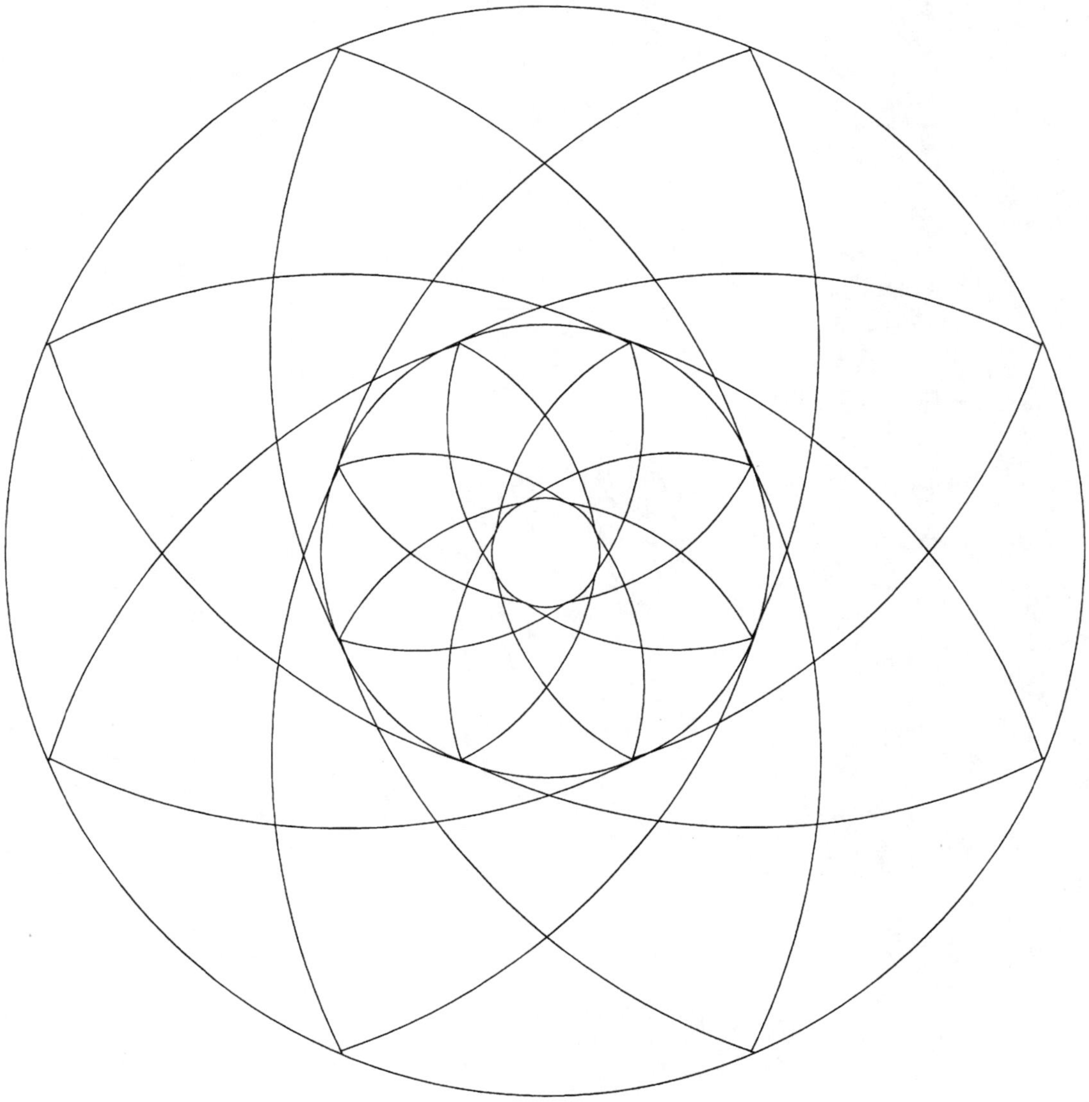

Vorlage für Mandala 22 - 25

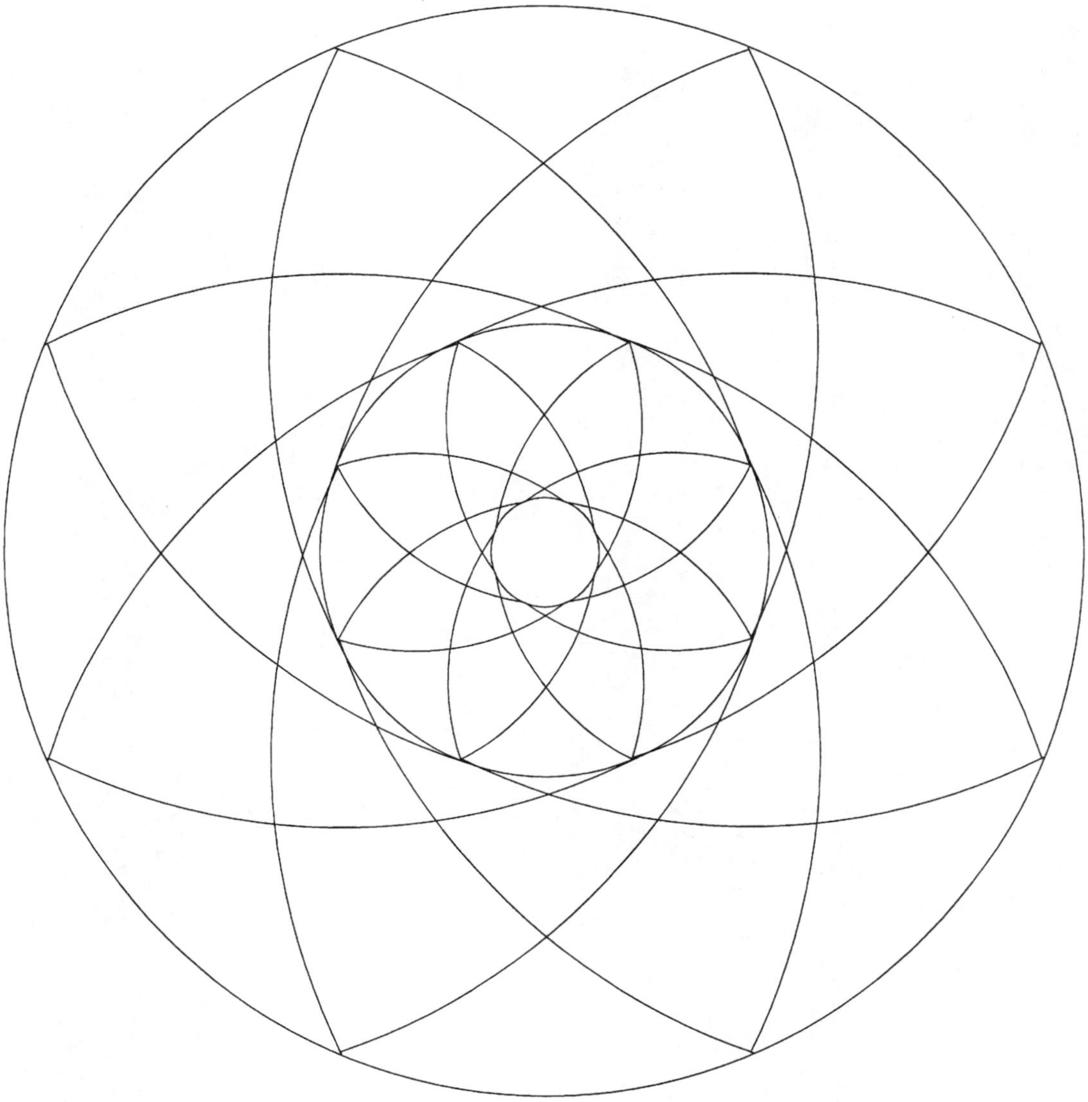

Vorlage für Mandala 22 - 25

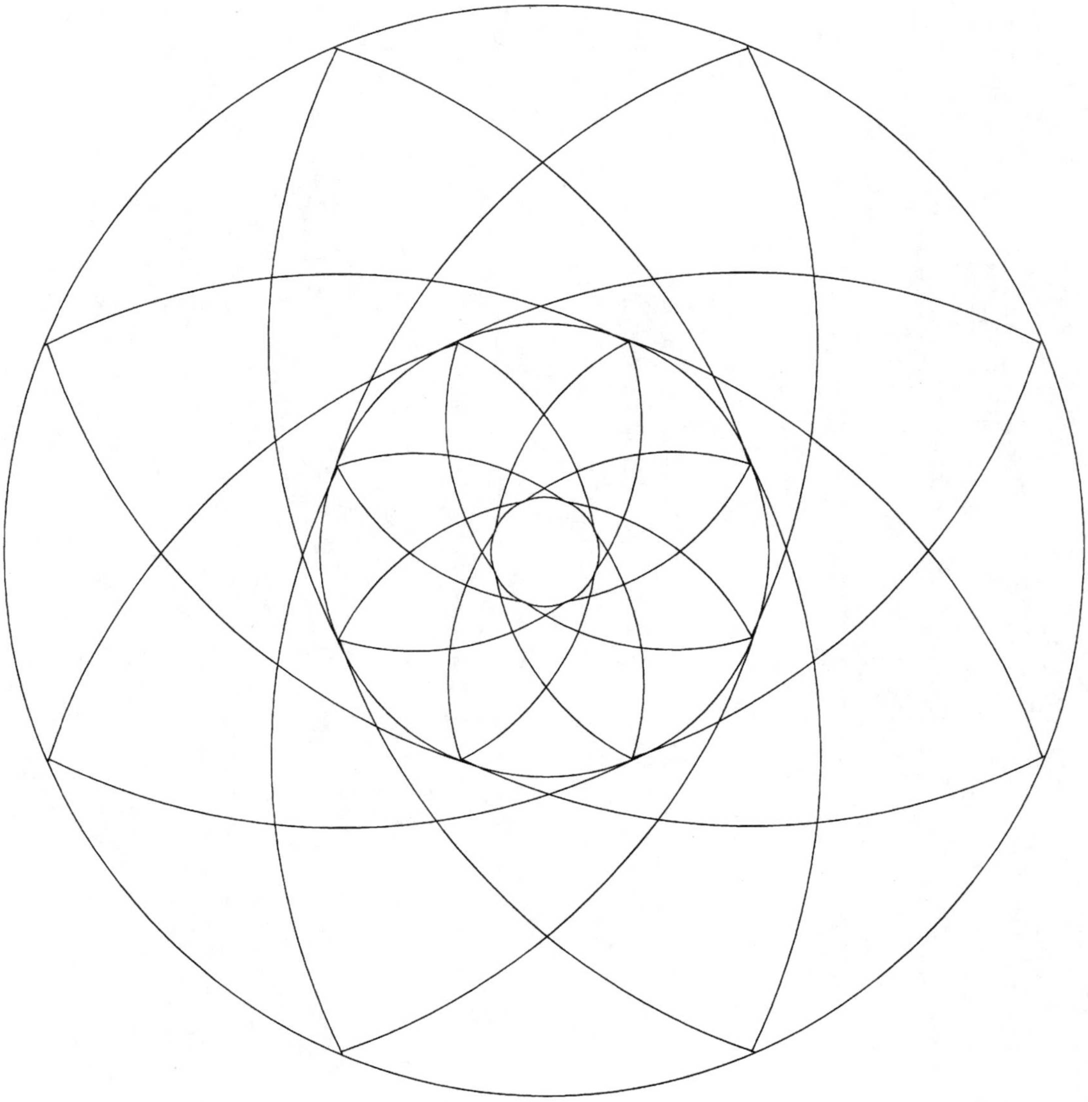

Vorlage für Mandala 22 - 25

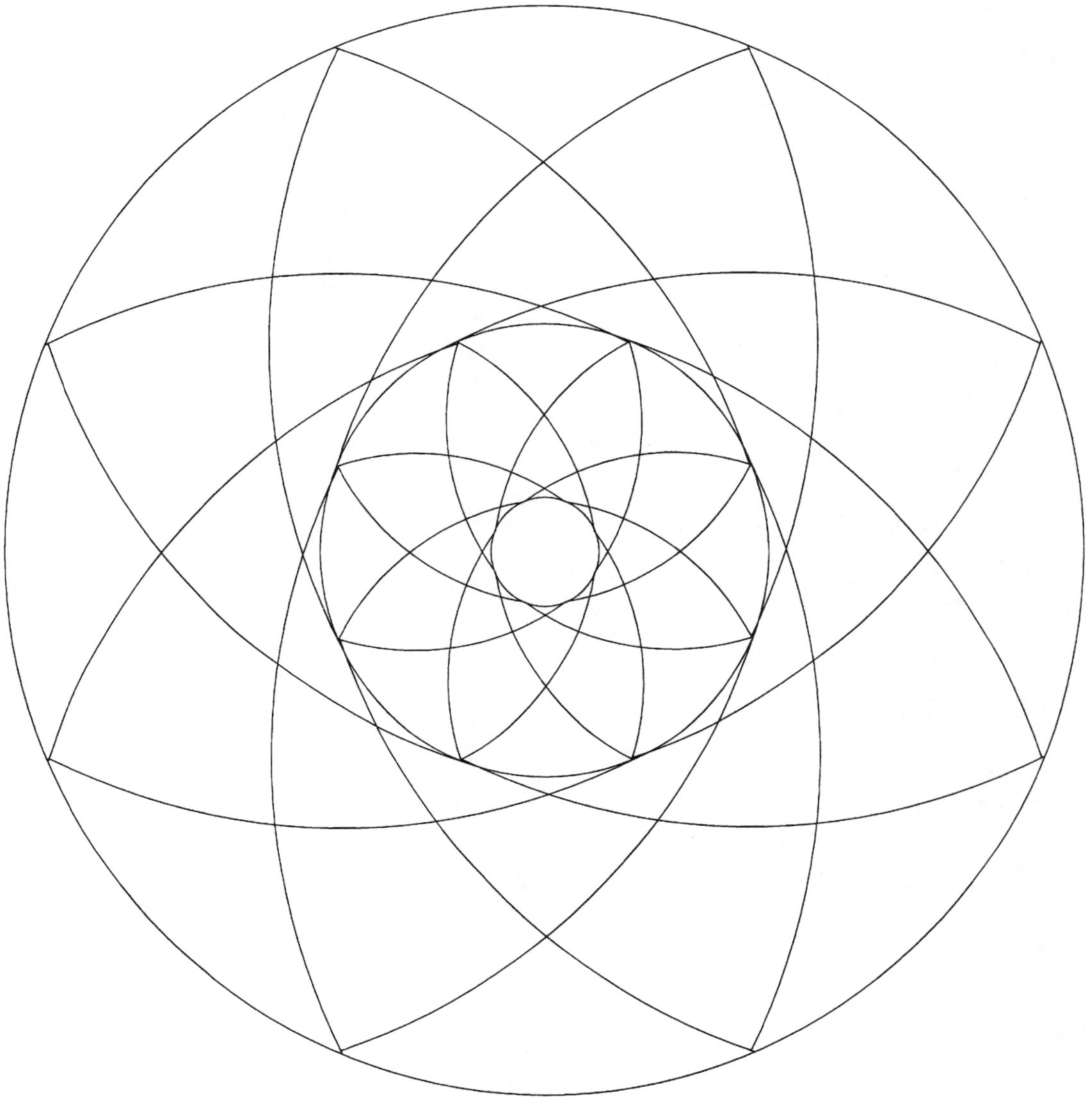

Vorlage für Mandala 22 - 25

Vorlage für Mandala 26

Vorlage für Mandala 26

Vorlage für Mandala 26

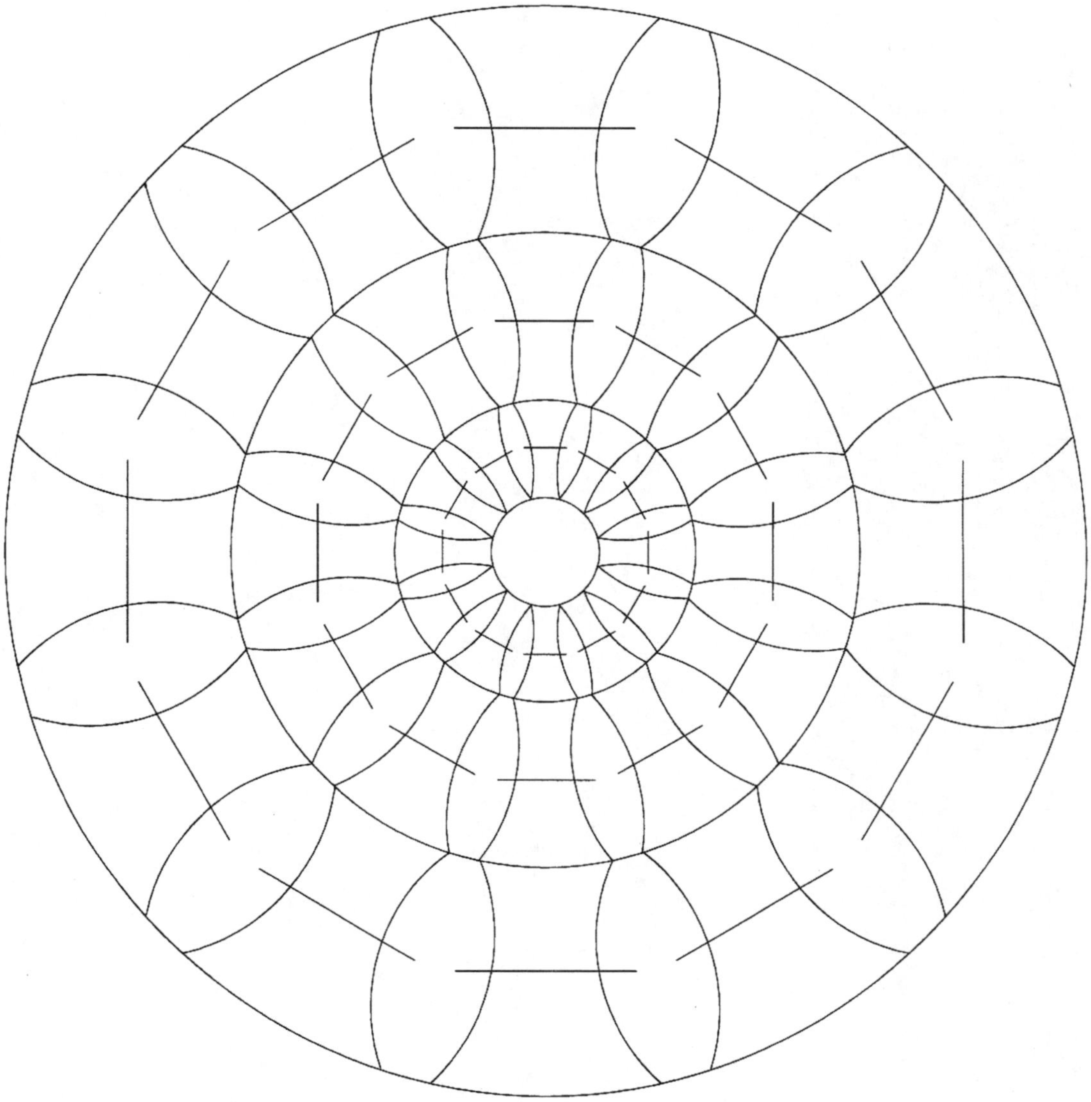

Vorlage für Mandala 27 - 30

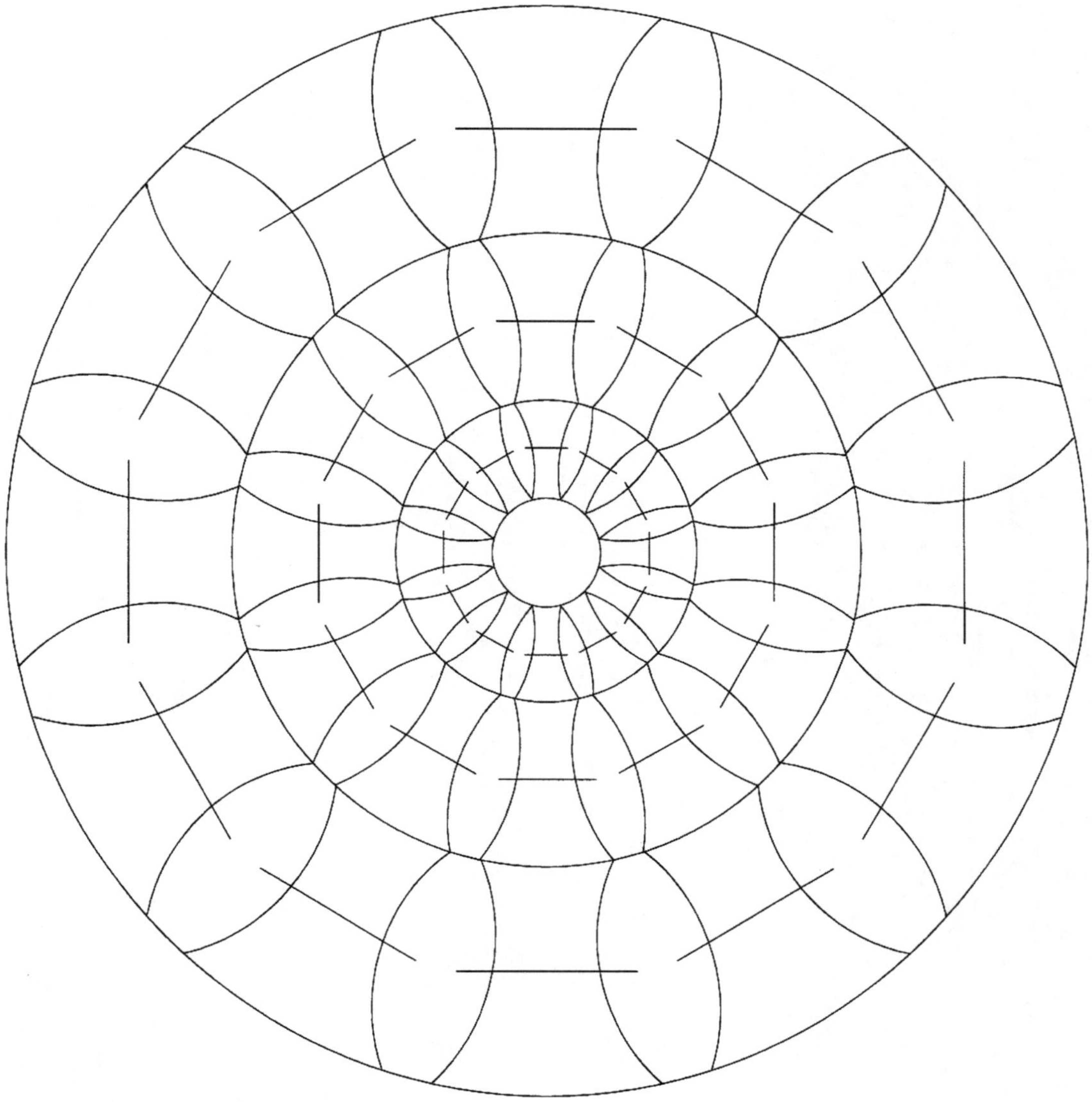

Vorlage für Mandala 27 - 30

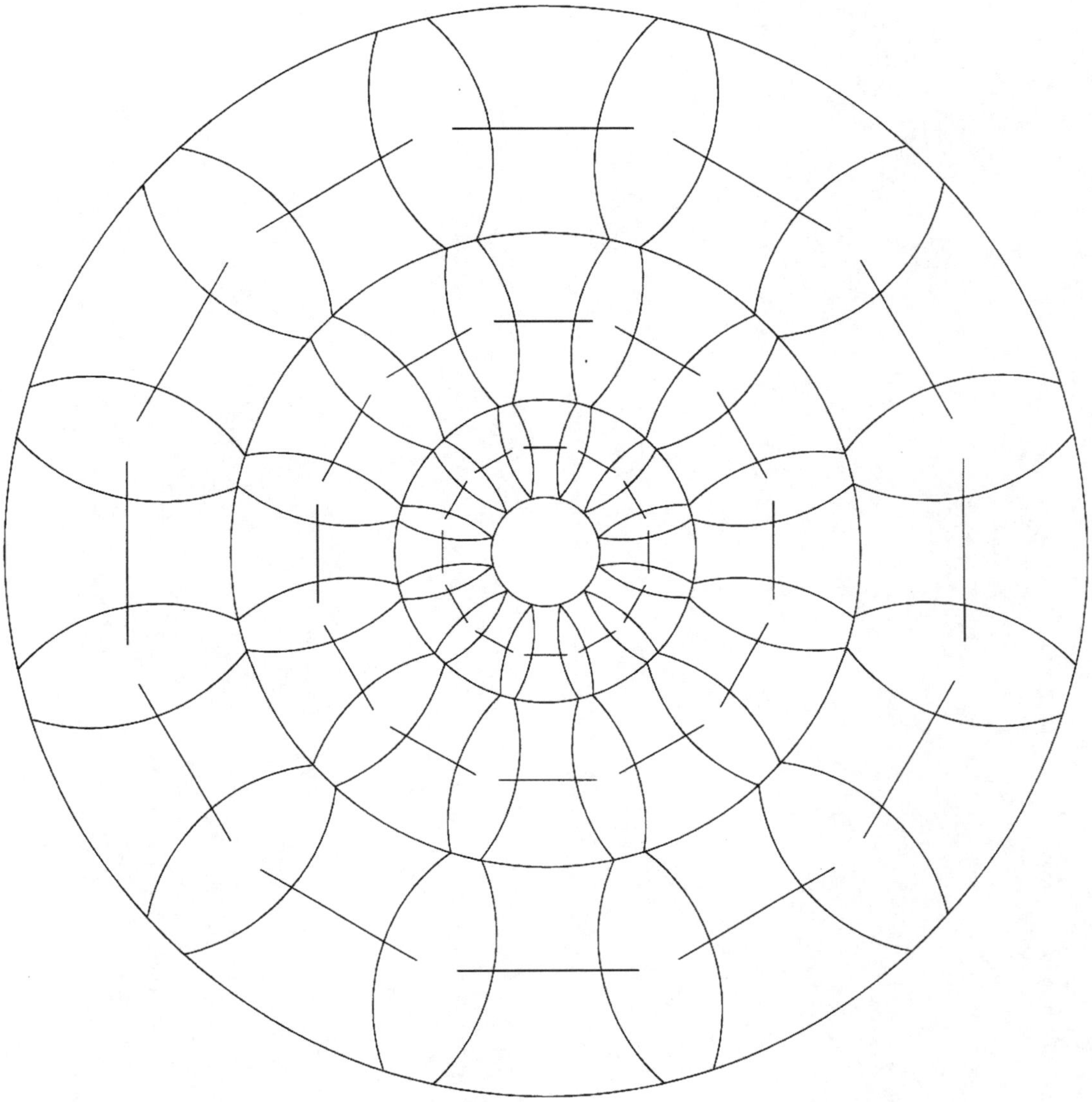

Vorlage für Mandala 27 - 30

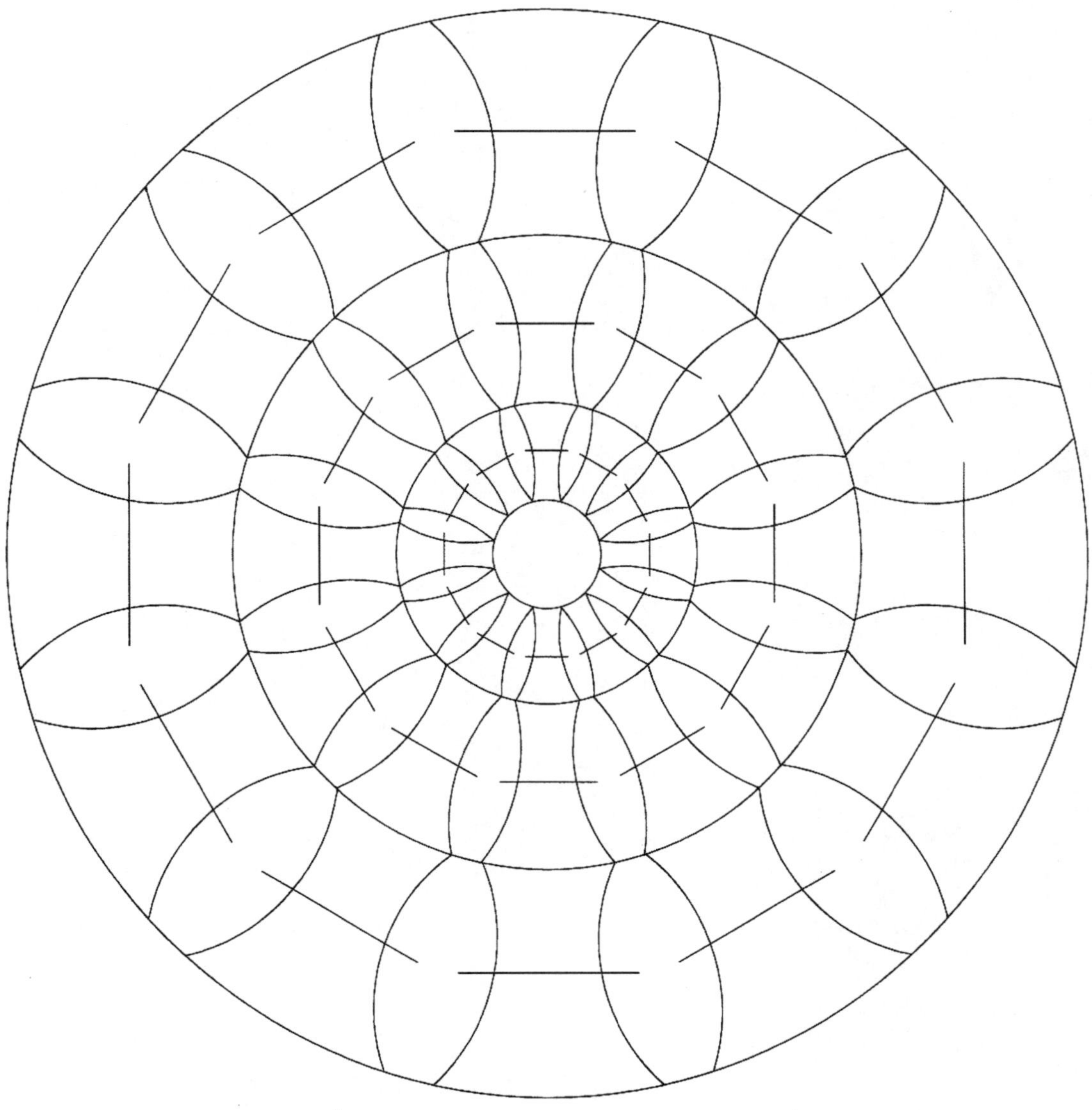

Vorlage für Mandala 27 - 30

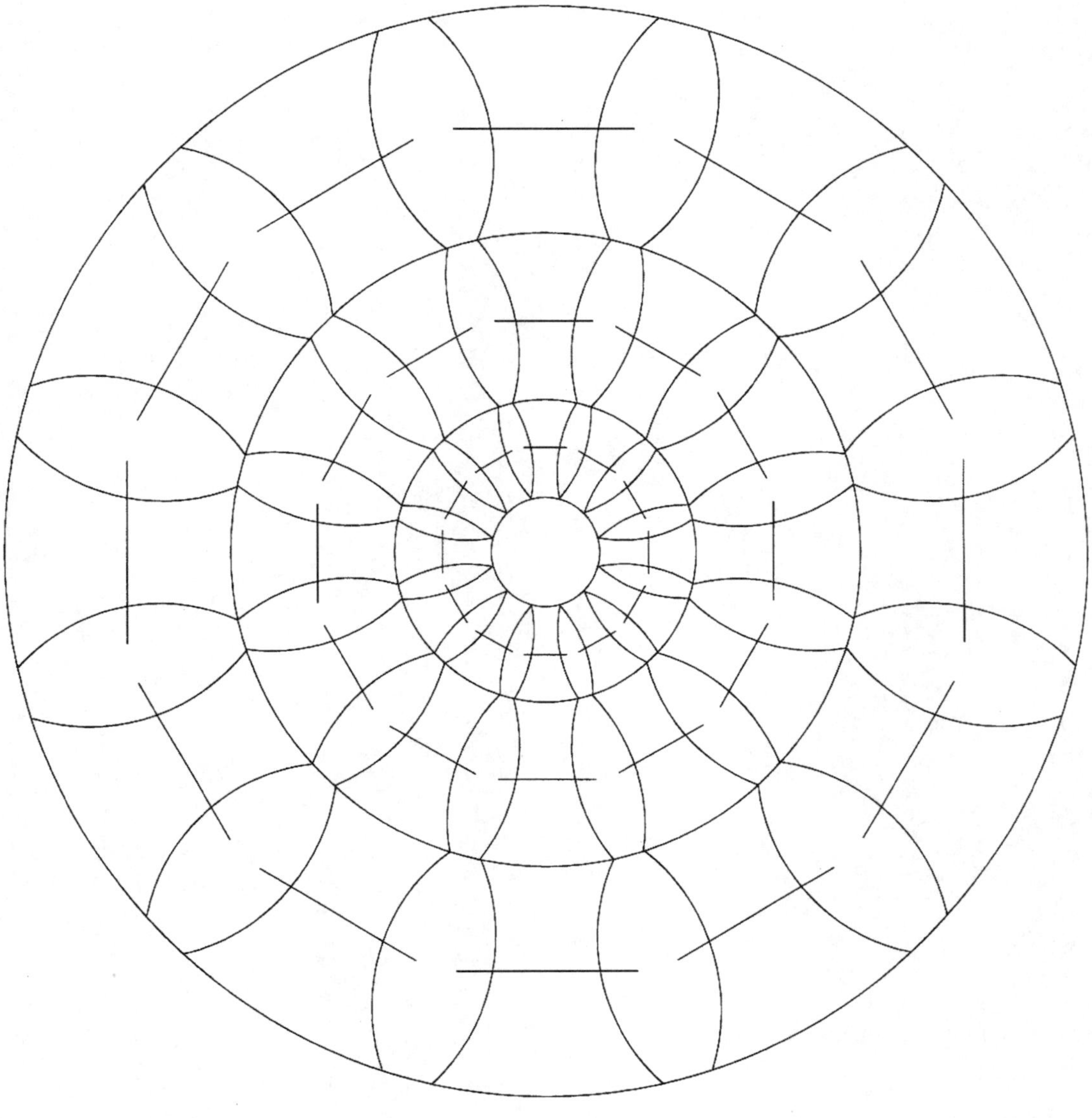

Vorlage für Mandala 27 - 30

Vorlage für Aktivierungs-Mandala 1 - 2

Vorlage für Aktivierungs-Mandala 1 - 2

Vorlage für Aktivierungs-Mandala 1 - 2

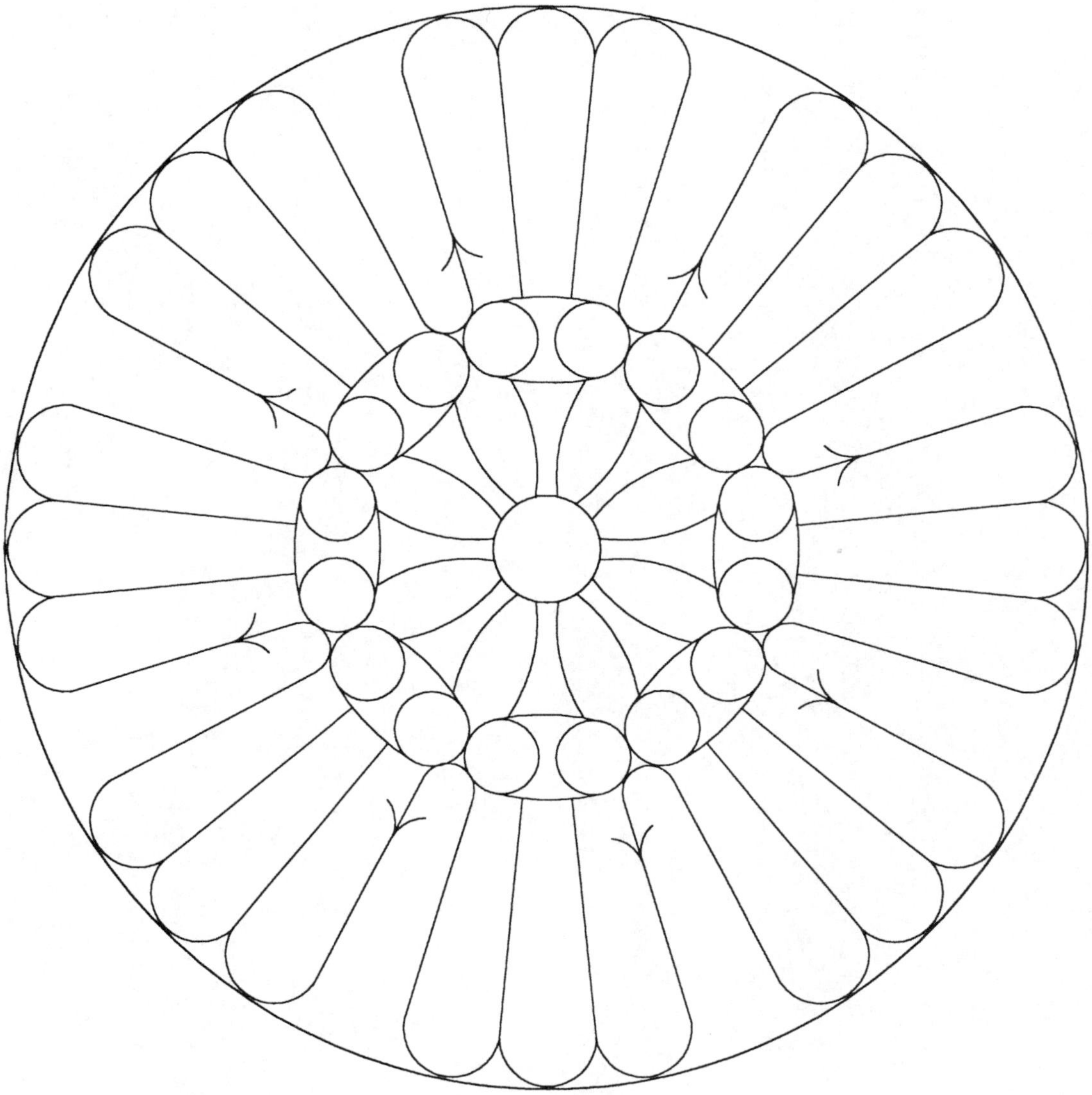

Vorlage für Gefühls-Mandala 1 - 2

Vorlage für Gefühls-Mandala 1 - 2

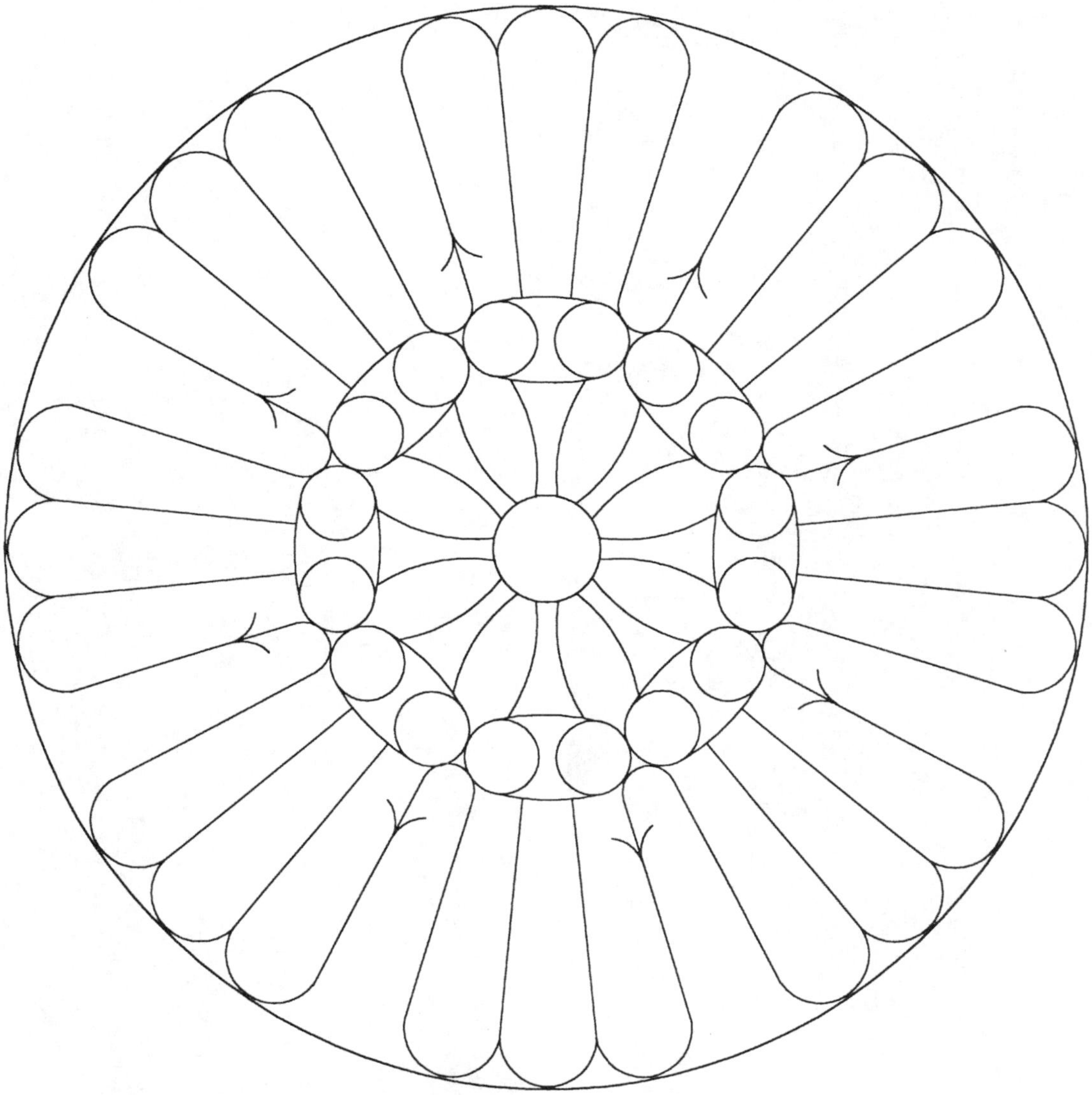

Vorlage für Gefühls-Mandala 1 - 2

Vorlage für Willens-Mandala 1 - 3

Vorlage für Willens-Mandala 1 - 3

Vorlage für Willens-Mandala 1 - 3

Vorlage für Willens-Mandala 1 - 3

Vorlage für Intuitions-Mandala 1 - 3

Vorlage für Intuitions-Mandala 1 - 3

Vorlage für Intuitions-Mandala 1 - 3